문화예술경영 3

예술마케팅

차례
Contents

"내가 쓰는 언어의 한계가 내가 아는 세상의 한계다."

존경하는 비트겐슈타인Ludwig Wittgenstein(1889~1951) 교수님의 말이다. 이 말은 "새로운 개념concept이 새로운 세상을 드러나게 한다"라고 풀어쓸 수 있다. 지하철 계단을 건강으로 생각하면 힘들지 않게 계단 오르기를 할 것이다. 그래서 김춘수(1922~2004) 시인은 「꽃」이란 시에서 꽃이라 불러주니 꽃이 되었다고 했다. 민들레라는 이름이 있기 전에 민들레는 사소한 몸짓, 즉 잡초에 불과했다고 시인은 말한다. 사용하는 개념이 늘 같으면 사유나 행동 및 보는 안목도 같아 변화에 뒤처질 수밖에 없다.

왜 이런 말을 하는가? 이유는 이 책『예술마케팅』의 집필 동기를 말하기 위해서다. 예술계의 사유·인식·행동에 변화를 불러일으키는 새로운 개념을 제안하려 이 책을 쓴다.

왜 변화가 필요한가? 시대의 흐름이 급물살을 타고 있기 때문이다. 어제 다르고 오늘 다르다. 이 소용돌이 속에서 예술계가 비루하지 않게 존립하고 성장할 수 있는 방안 여덟 가지를 이 책은 제안한다. 자기 말을 사람들이 이해하지 못할 것이란 두려움에 평생 말을 더듬었던 비트겐슈타인 선생님을 생각하면서 새로운 예술마케팅을 찾아 조심스럽게 길을 나선다.

제1부

•

예술마케팅 문 열기

예술마케팅이 요즘 들어 갑자기 나타난 것은 아니다. 1960년대에 등장했다. 다만 제대로 된 콘텐츠가 없어 예술계의 사유·인식·행동에 변화를 가져올 정도의 힘을 갖지 못했을 따름이다. 힘 있는 콘텐츠를 새로 구성하려면 그 개념의 출현 배경을 정확히 알아야 한다. 그래서 예술마케팅의 출현 배경을 알아보는 것으로 제1부를 시작한다.

제1장 예술마케팅의 출현

　개념도 생명체라 태어나고 성장하고 사라진다. 특히 요즘처럼 급변하는 시대엔 그 수명이 짧을 수 있다. 하지만 수명이 긴 개념도 있는데, 사랑·정의·용기·행복·자유 등은 인류 역사라 할 정도로 수명이 긴 개념이다. 기업·경영·마케팅 등은 기껏해야 100년쯤 된 젊은 개념이다. 갓 태어난 어린 개념도 있다. AI(인공지능), 빅 데이터, 클라우드 컴퓨팅 등이 그 예다. 코로나19로 인해 나타난 비대면, 사회적 거리 두기 등도 새로운 개념에 해당한다. 어떤 개념, 특히 중요한 개념일수록 출현한 연유^{緣由}가 뚜렷하고 또 그 개념으로 인해 새로운 세상이 드러나게 된다. 예술과 마케팅의 복합어인 예술마케팅은 중요한 개념이다. 이유는 예술계에 생명력을 불어넣는 활동이기 때문이다. 그렇다면 예술마케팅은 언제, 어떤 환경에서 태어났을까? 세 가지로 이 질문에 답한다.

신자유주의와 예술마케팅

문헌을 뒤적이면 예술마케팅은 1960년대부터 가끔 눈에 띄지만 본격적으로 사용되게 된 시기는 1980년대부터다. 이때에 예술경영, 예술마케팅 등 경영언어를 예술계에서 차용하기 시작한다.[1] 왜 이때부터 예술경영이나 예술마케팅이 등장했을까? 이유는 1979년에 영국수상이 된 대처[Margaret Thatcher](1925~2013)와 1980년에 미국 대통령이 된 레이건[Ronald Reagan](1911~2004) 두 사람이 내세운 정치·경제 사상인 신자유주의[neo-liberalism] 때문이다. 시대를 규정짓는 사상을 쉽게 이해하려면 그 사상을 담아내는 담론[discourse](사람들의 사유나 사회 전반의 정책구성에 영향을 미치는 중요한 개념·용어·말)에 주목하면 된다. 공기업 민영화, 감세, 세계화 등이 신자유주의를 대표하는 담론이다. 좀 더 자세히 알아보자.[2]

신자유주의의 등장

철의 여인이라 불리는 대처가 1979년 수상으로 선출되자 전통적 혼합경제를 손보기 시작하는데 주요 정책은 다음과 같다. 소득세율을 낮추고, 교육·주택·교통 부문을 중심으로 정부지출을 삭감하고, 노동조합의 권리를 축소하는 법을 제정하고, 자본통제를 폐지하고, 공기업을 민영화하는 조치를 취한다. 이런 정책을 취하면서 영국 정부는 뼈아픈 실책을 범하게 되는데, 이자율 인상이다. 이자율을 높여 물가를 잡으려 했으나 경기 위축을 가져왔고 그 결과 영국은 엄청난 고통에 빠지고 급기야 영국 제조업이 완전 초토화되는 재앙을 맞게 된다.

다음은 1981년 미국 대통령으로 선출된 레이건이 취한 정책이다. 고소득자에 대한 세율을 공격적으로 낮추어 소비를 진작시키는 이른바 낙수이론^{trickle-down theory} 정책을 취한

다. 또한 가난한 사람들에 대한 보조금을 삭감하고, 최저임금을 동결하는 등 이른바 공급경제학supply-side economics이라 불리는 친시장 정책을 편다. 영국과 마찬가지로 이자율을 인상하게 되는데 이로 인해 미국제조업 또한 심각한 타격을 입어 제조업 기반의 도시가 붕괴되는 이른바 녹슨 지대trust belt가 나타나게 된다.

그 결과 적대적 인수 붐이 일게 되고 이를 피하기 위해 기업은 더 빨리 수익을 내야 하는 압박을 받게 된다. 이를 계기로 다운사이징, 리스트럭처링, 벤치마킹 등 새로운 혁신기법이 등장하여 경영학의 흐름이 바뀐다. 오늘날 우리가 알고 있는 대부분의 경영용어 예를 들어 아웃소싱, 경쟁전략, 인수합병M&A, 고객만족 등이 이 시대의 산물이다.

한편 두 사람은 세계화globalization를 새로운 세계경제 질서의 코드로 내세운다. 세계화 코드는 "하나의 세상을 향하여 준비가 되었건 안 되었건 one world, ready or not"이라는 아포리즘으로 표현되지만 버전은 다양하다. 거리의 종말 death of distance, 국경 없는 세계 borderless world, 세계는 평평하다 the world is flat 등이다. 이러한 세계화의 바람을 타고 사회주의가 몰락하는 인류사의 엄청난 변혁이 일어난다. 1989년 소련의 와해가 시작되고 베를린 장벽이 무너지며, 1990년에 독일이 통일을 이루고, 1991년에 소연방이 해체되고, 1987년 중국은 개혁과 개방의 길을 걷게 된다.

한편 미국의 고이자율은 제조업 붕괴뿐만 아니라 제삼세계에 외환위기 third world debt crisis라는 고통을 안겨준다. 1995년 멕시코를 필두로 1997년 말레이시아, 인도네시아, 태국, 한국 등 금융 부문에서 일어난 엄청난 재앙이다. 1998년 경제성장률에서 인도네시아가 −16퍼센트였고, 대부분의 국가가 −6~7퍼센트였으며 IMF가 적극적으로 개입하여 구조조정 프로그램을 제시한다. 이자율 인상, 예산삭감, 공기업 민영화, 규제철폐 특히 국제무역 규제 철폐 및 금융시장 자유화를 권고한다. 하지만 기대한 결과와 달리 성장률이 급격히 떨어지는 역효과가 나타나 우리나라를 비롯한 개도국 국민들이 눈물 나는 고통에 휩쓸린다.

아, IMF!

시장에 맡겨진 예술

신자유주의 등장과 사회주의 붕괴로 정부의 예술정책이 급격히 바뀌어 재정지원을 대폭 줄이자 예술계는 시장의 손으로 넘어가게 된다. 즉, 비영리 영역에서 영리 영역으로 넘어오게 된다. 그 결과 미국의 주요 공연기관들은 단원 해고, 출연료 삭감 등의 고통을 겪으면서 영리조직으로 살아남는 방안을 모색하게 된다. 이를 계기로 경영지식을 예술에 차용한 예술경영이란 새로운 개념이 탄생하게 된 것이다. 따라서 예술경영이나 예술마케팅이 그 전에 없던 개념은 아니지만 예술계가 적극적으로 수용하게 된 시기는 1980년 전후로 보는 게 타당하다.

미국에서 시작하여 영국으로 전파되는 흐름이지만 미국과 영국의 예술경영은 조금 다르다. 미국은 공연계의 생존이 초점이지만 영국에서는 예술을 확장하는 것에 주목한다. 예를 들어 영국에서 예술을 기업경영에 적용하는 연구소가 만들어져 유럽식의 예술경영이 탄생하게 되는데, 예술을 활용하여 창의성을 높이는 것이다. 이처럼 예술경영은 두 방향으로 진행되게 된다. 경영지식을 예술에 차용하는 방향과 거꾸로 예술을 경영에 도입하는 방향인데, 미국은 전자의 방향으로 영국은 후자의 방향으로 예술경영이란 새로운 개념이 모양을 잡아가게 된다. 주 방향이 전자라 이 책은 경영지식을 예술계에 도입하는 것에 초점을 맞춘다.

예술생태계와 예술마케팅

앞의 내용은 예술마케팅의 출현을 신자유주의라는 정치경제 사상으로 논의한 것이다. 다음은 예술생태계의 협력 코드로 예술마케팅의 출현을 논의한다. 예술은 하나의 거대한 생태계인데 인류의 예술역사가 축적해놓은 것이 바로 예술생태계다. 역사가 오래된 만큼 예술생태계는 크고 복잡하다. 생태계가 커지고 복잡해질수록 이 생명력을 유지하고 발전하게 하는 논리 혹은 코드의 중요성은 커진다. 그렇다면 어떻게 해야 발전이 유지될까? 그 답을 말하기에 앞서 예술생태계를 이해하도록 한다.

예술생태계 이해

그림은 예술생태계를 그려놓은 것인데 몇 가지 특징을 함축하고 있다. 세 단계^{tier}가 있고, 각 단계는 여러 하부시스템으로 구성되어 있다. 각 단계에 새로운 하부시스템이 추가될 수 있음을 빈칸인 동그라미로 표시하고 있으며, 아메바처럼 유연하고 경계가 분명하지 않음을 구불구불한 곡선으로 표현하고 있다. 이처럼 예술생태계는 경계가 분명하지 않고 다양한 하부시스템으로 구성되며 여건에 따라 추가할 수도 있고 뺄 수도 있다. 각 단계를 구성하는 하부시스템을 좀 더 자세히 들여다보기로 한다.

먼저 예술인과 예술기관이다. 예술인은 아티스트, 뮤지션, 감독, 작가 등을 포함한다. 예술기관은 국립현대미술관과 같은 미술관이나 자연·역사박물관이 있을 수 있고, '예술의 전당' 같은 예술 멀티플렉스가 있으며, 지자체가 운영하는 도립·시립 미술관이나 공연장이 있을 수 있다. 그외 기업이나 재단에서 운영하는 예술기관도 포함한다.

다음은 예술제도다. 예술지원정책이나 예술관련 법이 예술제도의 두 축이지만 지원정책을 중심으로 간단히 소개한다. 지원에는 반드시 평가나 감사가 따르기 때문에 예술제도에는 지원·평가·감사 등이 포함된다. 특히 예술제도에서 지자체가 쟁점이 될 수 있는데 도립·시립·구립 등으로 나뉘어 기초단체장이나 기초의회의 정치적 입김이 운영을 좌지우지할 수 있다. 요즈음은 지자체에서 문화재단을 만들어 예술지원정책을 실행하는 추세라 예술제도에서 문화재단이 차지하는 비중이 높아지고 있다.

세 번째로 예술장르다. 예술장르를 나누는 기준은 다양하지만 전통적인 분류는 미술, 음악, 사진, 무용, 미디어아트,

대중음악 등이다. 요즘은 장르의 경계가 흐트러지고 있다. 그러나 공연예술과 전시예술로 크게 나누는 것이 일반적이고 철학에서는 미술을 아폴론적 예술이라 하고 음악이나 무용은 디오니소스적 예술이라고 한다.

네 번째로 2단계의 하부시스템인 예술기업과 아트 페어가 있다. 예술기업은 갤러리나 SM엔터테인먼트처럼 K팝을 주도하고 있는 콘텐츠 산업이 있고 각 방송사에 콘텐츠를 공급하는 프로듀스가 있으며 영화사나 출판사 및 작품을 배급하는 넷플릭스, 디즈니플러스 같은 회사도 여기에 속한다. 따라서 예술기업을 구성하는 하부시스템은 엄청나게 다양할 수 있다. 그리고 미술 시장인 아트 페어가 있다. 정기적으로 열리는 아트 바젤을 위시한 국제 아트 페어는 말할 것도 없고, 국내만 하더라도 100여 개에 달하는 아트 페어가 열리고 있으며, 소더비나 크리스티 경매, 서울옥션, K옥션과 같은 경매회사도 여기에 해당한다.

다섯 번째로 3단계에 예술생태계의 기반이 되는 예술소비자가 있다. 개인 콜렉터, 기업이나 미술관, 전시나 공연 등을 관람하는 관객 등인데 이들은 맨 바깥에 있지만 예술생태계를 지탱하는 땅에 해당한다. 그래서 가장 중요하다.

예술생태계의 생존코드로서 예술마케팅

이렇게 다양한 하부시스템으로 구성된 예술생태계가 냉혹한 시장여건에서 생존하려면 어찌해야 할까? 서로 협업해야 한다. 서로 협력해야 한다. 상생해야 한다. 경쟁해야 한다. 다 좋은 말이다. 문제는 어떤 코드로 협업·협력·상생·경쟁하느냐다. 만약 협업·협력·상생·경쟁하는 코드가 제각각이면 말만 무성하지 아무런 결실을 보지 못할 수 있다.

그 답이 바로 예술마케팅이다. 예술마케팅은 예술생태계가 협업·협력·상생·경쟁하여 성장·발전할 수 있는 코드를 제공한다.

그게 될까? 하는 반론이 나올 것이다. 복잡하게 얽혀 있는 것일수록 단순하게 풀어야 한다. 단순한 것도 좋지 하필 마케팅이야? 하고 의아해할 것이다. 이유는 오염된 마케팅이 사람들에게 알려져 있기 때문이다. 물신주의를 부추기고 돈을 벌기 위해 수단과 방법을 가리지 않는다는 오염된 마케팅이 분명 있다. 하지만 마케팅은 그런 것이 아니다. 순수한 마케팅도 있다. 이를 태생적 마케팅generic marketing이라 한다.

태생적 마케팅은 '시장의 생명력을 키우는 활동'이다. 오염된 마케팅이 아니라 순수한 마케팅이 예술생태계의 협업·협력·상생·경쟁의 코드다. 무슨 근거로 이런 주장을? 그 답은 바로 아래에 있다.

건강한 이기주의와 예술마케팅

예술생태계의 지속가능성(협업·협력·상생·경쟁을 한마디로 표현한 것이다)을 확보하는 코드로 이타주의를 생각할 것이다. 이는 너무 이상적이다. 자기 이익에 앞서 타자의 이익을 우선하는 이타주의가 쉽지 않다. 타자의 이익이 무엇인지 알기 어렵고 설혹 알더라도 자기 이익을 포기하는 것 또한 쉽지 않기 때문이다. 그래서 이타주의는 이상적인 관념으로 비판받는다.

하지만 이기주의의 독주를 막는 데 상당히 공헌할 수 있다. 우리는 흔하게 이타주의를 칭송하는 말을 듣고 그걸 실천한 사람을 상찬한다. 하지만 과연 이타적으로만 사는 사람과 이기적으로만 사는 사람이 있을까?

이기주의와 이타주의에 대해 더 논의해볼 필요가 있다. 이기주의는 건강한 이기주의와 병든 이기주의가 있고, 이타주의 또한 건강한 이타주의와 가장된 이타주의가 있다고 철학자들은 말한다.[3] 꿀벌처럼 자신의 역할을 충실히 하는 것을 건강한 이기주의라 하고 타인의 피해를 아랑곳하지 않고 자기 이익만을 챙기는 것은 병든 이기주의라 한다.

한편 이타주의도 마찬가지인데 이웃의 아픔을 진정으로 느끼면서 도움을 주려 하는 것은 건강한 이타주의지만 겉으로 이타를 내세워 사리를 추구하는 것은 가장된 이타주의로 병든 이타주의다.

이렇게 보면 건강한 이기주의와 건강한 이타주의는 차이가 나지 않는다. 예술생태계가 지속해서 성장하고 발전하려면 애매하고 가장될 위험이 있는 추상적인 이타주의보다는 건강한 이기주의를 권한다. 예술계가 건강한 이기주의를 실천하는 구체적 방안이 바로 예술마케팅이다. 따라서 예술마케팅은 복잡해지고 다양해지는 예술생태계의 지속가능성 코드로 출현한 개념이다.

예술기관과 예술마케팅

왜 예술마케팅인가? 이에 대한 세 번째 답은 경계연결역할이다. 예술생태계의 핵심인 예술기관은 비영리조직이지만 영리조직과 운영의 논리는 동일하다. 모든 조직은 이를 둘러싼 외부 환경이 있고 외부 환경과의 끊임없는 소통을 효율적이고 효과적으로 수행할 때 비로소 지속가능성이 확보된다. 조직은 외부환경과 끊임없는 소통을 해야 살아갈 수 있는데 영리조직인 기업에서는 마케팅을 중간에 두어 이런 역할을 하게 한다. 내부와 외부가 원활히 소통하게 하는 이러한 역할을 경계연결역할boundary spanning role[4]이라 하는데, 마케팅부서가 이 역할을 하고 있음을 아래 왼쪽 그림이 보여주고 있다.

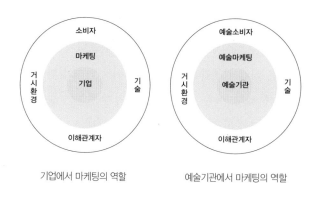

기업에서 마케팅의 역할　　　　예술기관에서 마케팅의 역할

경계연결역할은 다른 말로 통과의례boundary rituals라고도 한다.[5] 안에서 바깥으로 바깥에서 안으로 무리 없이 들어오고 나가려면 통과의례가 필요한데, 집으로 비유하면 현관, 창문, 테라스 등이 일종의 통과의례다. 소비자가 원하는 것을 기업 내부에 전하여 좋은 제품을 개발하게 하고 완성품을 다시 소비자에게 제시하여 판매가 이루어지게 도움을 주는 활동이 마케팅인 것이다. 따라서 마케팅부서가 없는 중소기업은 대표이사CEO가 이 역할을 해야 한다. 만약 이 역할을 제대로 수행하지 못하면 기업은 큰 어려움에 빠질 수 있다.

완충이 없으면 안과 바깥이 충돌할 수 있기 때문이다.

예술기관의 경계연결역할

오른쪽 그림은 예술기관의 경계연결역할을 예술마케팅이 맡고 있음을 보여주고 있다. 만약 예술마케팅이 없으면 예술기관은 직접 외부환경에 노출되고 이로 인해 심한 갈등에 노출될 수 있다. 예를 들어 예술소비자가 원하는 것을 제대로 반영하지 못하고 지원기관의 요구를 제대로 수용하지 못할 수 있다. 예술마케팅은 이런 갈등을 줄이는 역할을 한다. 예술소비자의 목소리를 예술기관에 잘 전해주고 내부 콘텐츠를 외부에 효과적으로 전한다.

아마도 대부분의 예술기관에 마케팅 업무를 담당하는 부서가 없이 예술기관의 대표나 예술감독이 이 역할을 대신할 것이다. 이는 매우 위험할 수 있다. 이유는 이들은 이미 기득권으로 자신의 목소리를 바깥에 쏟아내는 인-아웃 관점in-out perspective에 익숙하지, 바깥의 목소리에 진정으로 귀 기울이는 아웃-인 관점out-in perspective은 생소할 수 있기 때문이다. 이런 위험에 빠지지 않으려면 예술마케팅 담당자를 두든지 아니면 대표이사나 예술감독이 아웃-인 관점을 가지도록 해야 한다. 어떻게 하면 될까?[6]

130여 년의 역사를 자랑하는 카네기홀의 예술감독을 맡은 길린슨^{Clive Gillinson}의 예술마케팅을 소개한다. 그는 영국을 대표하는 런던 심포니 오케스트라의 단장직을 21년간이나 맡아 재정 상태를 정상으로 올린 장본인으로 유명하다. 그가 알고 있는 예술마케팅은 의외로 간단한데 아이디어가 막히고 공연장에 관중의 발길이 뜸하면 한 달에 한 번이든 6개월에 한 번이든 이런 질문을 하는 것으로 알려져 있다.

카네기홀을 성공적으로 이끄는 동력은 무엇일까, 사람들은 이곳에서 진정으로 일하고 싶어 할까, 카네기홀은 최고의 운영이사진이 관여하고 싶은 조직일까, 세계 최고 실력의 연주자들은 카네기홀에서 연주하고 싶어 할까, 홀의 기획프로그램에 대한 평가는 긍정적인가, 후원자들은 우리를 지원하고 싶어 할까, 티켓 판매는 잘 되고 있나.

이렇게 신자유주의, 예술생태계, 경계연결역할 세 가지 눈으로 마케팅이 왜 예술에 도입되게 되었는지를 논의했다. 이러한 필요에서 출현한 예술마케팅은 대체 어떤 내용일까?

제2장 기존 예술마케팅

정치경제적 여건과 예술계의 필요에 따라 예술마케팅이 등장했다. 하지만 아직 주목할 만한 콘텐츠가 있는 것은 아니다. 예술계의 인식과 행동을 바꾸는 힘을 가지려면 예술마케팅의 콘텐츠가 제대로 정립돼야 한다. 그러기 위해 제2장에서 기존의 예술마케팅을 살펴보고 제3장에서 새로운 예술마케팅을 제안하려 한다. 논의에 들기에 앞서 예술마케팅의 프레임을 알아본다.

예술마케팅의 프레임

예술마케팅arts marketing은 두 가지 의미로 쓰이는데 '예술을 위한 마케팅marketing for arts'과 '마케팅을 위한 예술arts for marketing' 이다.

후자는 마케팅과 예술의 컬래버로 최근의 마케팅 흐름이다. 작가와 컬래버로 제품디자인이나 매장디자인을 하는 사례도 있고 포장에 작품을 차용하는 사례도 있으며 마케팅매니저 교육에 예술을 활용하는 경우도 흔하다.[1] 예를 들어 선글라스 브랜드인 젠틀몬스터와 1987년 창립한 호주의 이숍이란 화장품 브랜드에서 매장 디자인을 컬래버로 하고 있다.

하지만 일반적으로 예술마케팅이라 하면 앞의 의미, 즉 '예술을 위한 마케팅'으로 쓴다. 이 경우 학자에 따라 표현이 다른데 '예술을 마케팅하기marketing the arts'로 표현하기도 하고 '예술에서 마케팅arts in the arts'으로 표현하는 사람도 있다.[2]

이렇게 다양하게 표현되는 예술마케팅은 무엇인가? 이 책은 "예술계에 활력을 불러일으키는 마케팅"으로 정의한다. 구체적 내용은 인식의 틀인 프레임에 따라 다르다. 프레임은 두 가지다. 일반 마케팅을 예술에 그대로 적용하는 프레임 1이 있고 예술계 특유의 마케팅이 있다는 프레임2가 있다. 프레임1은 마케팅의 보편성을 중시하고 프레임2는 예술의 특유성에 방점을 두는 것이라 차이가 난다. 어느 프레임을 따르는지는 학문적 견해에 따라 다르다. 미리 말하면 기존의 예술마케팅은 프레임1을 따르고 이 책은 프레임2를 따른다.

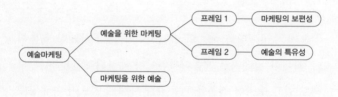

　　지금부터 기존의 예술마케팅을 살펴본다. 여러 학자가 나름의 예술마케팅을 제시하고 있지만 비교적 널리 알려진 두 모델을 소개한다. 이 분야의 선구자인 코틀러^{Philip Kotler} 교수와 그의 제자인 번스타인^{Joanne Scheff Bernstein} 교수의 모델이 있고, 예술마케팅 분야에서 세계적 명성을 가진 콜버트^{François Colbert} 교수의 모델이 있다.

코틀러와 번스타인 모델

　　1970년대 이후 2010년까지의 마케팅을 '마케팅관리'라 하는데 이 시대를 연 장본인이 바로 코틀러 교수다. 코틀러 교수는 자신이 만든 마케팅관리의 기본 틀을 공연예술에 그대로 적용하여 제자인 번스타인 교수와 함께 쓴 책이 공연예술 분야에서 탁월한 저서로 상찬받고 있다. 1997년의 『전석 매진』과 2007년의 『예술마케팅 인사이트』라는 두 저서를 통해 공연예술마케팅을 다음과 같이 구성하고 있다.[3]

공연예술마케팅의 핵심을 관객개발audience development로 규정하고 관객을 공연장에 오게 하는 방안을 마케팅으로 정의하며 크게 두 가지 내용으로 나누는데 마케팅전략과 마케팅믹스다.

마케팅전략의 핵심은 STP로 세분화Segmentation, 타게팅Targeting, 포지셔닝Positioning을 말한다. 시장을 먼저 세분화하고 표적시장을 정하고 고객의 마음속 비교좌표에 위치를 정하는 것이 그 핵심이다.

마케팅믹스는 구체적인 마케팅활동인데 4P로 분류된다. 작품을 구상하고 만드는 활동을 제품Product이라 하고 공연티켓의 가격을 정하는 활동을 가격Price이라 하며 공연을 광고하거나 홍보하는 활동을 촉진Promotion이라 하며 작품이나 공연의 유통활동을 장소Place라 한다. 이를 바탕으로 학자에 따라 5P, 6P, 7P 등 마케팅활동을 더 구체적으로 나누기도 하지만 기본은 4P라고 보면 된다.[4]

이 모델은 기존의 마케팅관리를 거의 그대로 예술에 적용하는 것이라 논리가 명확하여 이해하기 쉬운 장점은 있지만 예술특유의 마케팅을 제시하지 못하는 한계가 있다. 또한 공연예술에 한정하고 있어 전시예술을 비롯한 예술계 전반에 적용하는 데도 한계가 있다.

콜버트 모델

한편 콜버트 교수는 주로 캐나다에서 활동하고 있지만 프랑스의 학문적 영향을 살려 예술마케팅의 텍스트를 구성하려 애쓰고 있다. 그는 예술품과 제품의 차이에 주목하고 그 차이점을 담아낼 수 있는 예술마케팅을 구성한다.

제품은 표준화된 대량생산품이지만 예술품은 희소성이란 특징을 갖는다고 한다. 물론 미술품과 같은 단일품이 있고 음반이나 영화와 같은 복제품도 있지만 희소성을 예술품의 특징으로 보는 데는 무리가 없다. 그 이유는 제품은 시장의 요구에 따라 제작되지만 예술은 작가정신이 표현된 것으로 보고 있기 때문이다. 그렇다고 시장요구를 무시할 수는 없다고 하면서 그림과 같이 생산과 시장을 연결하는 시스템으로 예술마케팅을 구성한다.[5]

왼쪽이 일반 마케팅시스템이고 오른쪽이 예술마케팅시스

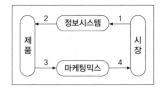

| 일반 마케팅시스템 | 예술마케팅시스템 |

템이다. 일반 마케팅시스템은 시장요구를 정보시스템으로 알아내 제품을 만들고(화살표 1과 2) 그것이 다시 마케팅활동인 마케팅믹스를 통해 시장에 제공됨을 말한다(화살표 3과 4). 이에 반해 예술마케팅시스템은 예술을 구성하는 작가나 기획자의 독창성에 근거한 희소성이 시장에 제공되고(화살표 1과 2), 이 희소성은 시장의 피드백을 받는다(화살표 3과 4). 이후 마케팅믹스를 통해 시장에 접근하는데(화살표 5와 6), 이 과정은 일반 마케팅과 다르지 않다.

그의 모델은 마케팅믹스를 예술마케팅의 중요한 구성요소로 생각하는 점에서 일반 마케팅시스템과 다를 바 없지만 예술마케팅의 중심은 어디까지나 예술의 희소성임을 분명히 하고 있다.

이 모델은 코틀러 교수의 모델에 비해 진보되었지만 일반 마케팅활동인 4P를 거의 그대로 차용하고 있고, 정보시스템 또한 일반 마케팅의 그것을 그대로 쓰고 있다. 예술품과 제품의 차이에 주목하여 희소성에 주목한 것은 좋은데 이를 담아내는 고유한 콘텐츠가 없는 것이 한계다.

기존 모델의 평가

크게 보아 두 모델은 기존의 일반 마케팅을 예술에 그대로 적용하거나 응용하는 프레임1에 속하는 예술마케팅이다. 하지만 두 모델은 약간 다른데, 앞의 모델은 마케팅의 보편성을 강조하는 프레임1에 전적으로 근거하고 있지만 뒤의 모델은 프레임2 쪽으로 약간 옮겨진 모델로 일종의 혼합 프레임에 속한다. 그래서 그런지 콜버트 교수의 모델이 예술마케팅의 텍스트로 많이 사용되고 있다. 근소한 차이는 있지만 두 모델은 프레임1에 속한다. 따라서 두 모델의 한계는 분명하다. 예술의 특유성을 제대로 살리지 못하고 있다는 점이다.

제3장 새로운 예술마케팅

제목이 '새로운' 예술마케팅이지만 기존의 것이 올드하여 새로운 콘텐츠를 구성하는 것으로 오해하지 말았으면 한다. 그냥 기존과 다른 접근을 하는 것을 '새로운'으로 표현한 것이다. '새로운' 예술마케팅은 마케팅 대상인 예술의 특유성에 초점을 두는 프레임2에 근거하여 콘텐츠를 구성한다. 만약 예술과 일반제품이 동일하다면 기존의 예술마케팅으로 충분할 것이다. 하지만 이 책은 예술의 특유성이 있다는 전제에서 논리를 전개한다. 예술의 특유성을 알아보는 것으로 제3장을 시작한다.

예술의 특유성

특유성은 고유한 특성을 말하는데 마케팅 대상으로서 예술의 고유한 특성은 무엇일까? 논의의 편의를 위해 일반 마케팅의 대상인 제품이나 서비스와 예술을 비교하기로 한다. 여러 가지 차이가 있겠지만 여기서는 세 가지에 주목한다.

첫째가 희소성이다. 일반 마케팅의 대상인 제품은 기업에서 대량생산하는 것이라 이 세상에 유일하지 않다. 잘 팔리면 얼마든지 복제할 수 있어 희소성과는 거리가 멀다. 하지만 같은 작가의 작품도 다 다르기 때문에 세상에 하나밖에 없는 것이 예술이다. 물론 복제하는 예술이 있고 한정판 제품도 있어 희소성이 예술의 고유한 특성이라고만 하는 것은 무리가 있지만 대체로 그렇다는 것이다.

둘째는 가치의 원천이 헤리티지다. 헤리티지는 작품이 갖는 역사성인데 시간, 스토리, 작가정신 등이 혼합된 것이다. 예술작품의 가치는 이러한 헤리티지에 의해 구성되지만 일반 제품은 신상新商이다. 신상은 신제품을 말하는데 신상이 나오면 기존 제품은 올드해져 대체되고 생산은 중단된다. 이처럼 일반제품은 '신new'이 가치의 원천이다. 따라서 일반 마케팅에서는 트렌드에 맞춘 끊임없는 신제품 개발을 추구한다. 하지만 예술은 대체하지 않고 쌓인다. 그래서 "인생은 짧고 예술은 길다"라고 하는 것이다.

셋째가 경험소비다.[1] 소비자는 제품이든 예술이든 돈이나 시간, 노력을 들여 구입하고 이를 소비한다. 소비 행위는 제품이나 예술에서 동일하게 이루어진다. 하지만 큰 차이가 있다. 소비에는 두 유형이 있는데 물질적 가치를 중심에 두는 소비가 있고 정신적 가치에 중심을 두는 소비가 있다. 제품소비는 물질적 소비에 속하고, 예술소비는 정신적 소비에 해당한다. 정신적 가치에 비중을 두는 소비를 경험소비experience consumption라 한다. 경험은 없어지지 않고 쌓인다. 쌓여서 생을 풍요롭게 하고 생에 활력을 준다.

이상에서 논의한 예술의 세 가지 특유성 각각에 맞추어 예술마케팅을 구성할 수도 있지만 여기서는 경험소비에 한정하여 새로운 예술마케팅을 구성하려 한다.

새로운 예술마케팅

예술의 특유성을 전제로 하는 프레임2는 기존의 마케팅을 차용하는 프레임1과 다르다. 프레임1은 기존의 마케팅시스템을 예술에 적용하기 때문에 정해진 틀이 있지만 프레임2는 없다. 그래서 예술 현장에서 이루어지는 마케팅 행위나 개념을 발굴해야 한다. 이는 귀납적 접근^{deductive approach}이다. 현장에서 찾아낸 예술마케팅활동을 분류하고 이를 모델화 하는 순서로 새로운 예술마케팅을 구성한다.

귀납적 접근의 첫 작업으로 예술 현장에서 쓰이고 있는 개념들을 파악하니 여덟 가지 개념이 발견되었다. 큐레이션, 네이밍, 시그널링, 정동화, 응시화, 경청화, 팬덤화, 거버넌스 등이다. 이런 개념들이 실무에서 그대로 쓰이는 것은 아니고 다르게 표현되지만 의미는 유사하다.

이렇게 예술에서 행하고 있는 마케팅을 정리하면 그건 저 자의 생각이고 얼마든지 다른 개념들이 사용되고 있다고 반 론할 수 있다. 예를 들어 독창성, 예술성, 공공성 등등. 이런 반론에는 이렇게 답한다. 여기서는 예술 현장에서 사용되는 마케팅 관련 개념들을 주관적으로 정리한 것이라고. 이렇게 주관성을 앞세우더라도 중요한 개념인 거버넌스^{governance}는 생소할 것이다. 예술제도, 법, 정책, 예술기관 이사회 등을 말 한다.

귀납적 접근의 다음 작업이 이들 개념을 범주화하는 것이 다. 이는 예술마케팅을 새로 구성하는 중요한 작업인데 여 기서는 앞서 논의한 예술의 고유성 세 가지 중 경험소비를 중심으로 범주화한다. 경험을 경험전^{pre-experience}, 경험중^{peri-experience}, 경험후^{post-experience}로 나눠 거버넌스를 제외한 일곱 가지 개념을 범주화하면 다음과 같다.

첫째, 경험전 예술마케팅인데, 이는 공연이나 전시를 예술소비자가 경험하고 싶게 하는 마케팅활동이다. 네이밍naming, 시그널링signalling, 큐레이션curation 세 개념이 이 활동에 속한다. 이들 개념에 근거한 예술마케팅은 제3부에서 논의한다.

둘째, 경험중 예술마케팅인데, 공연되는 작품이나 전시된 작품의 경험을 지원하는 마케팅활동이다. 정동화affecting, 응시화gazing, 경청화listening 셋이 이 단계의 예술마케팅에 해당하며 제4부에서 논의한다.

셋째, 경험의 마무리이자 또 다른 경험의 시작인 경험후 예술마케팅이다. 이 단계의 핵심은 예술소비자를 팬덤화하는 것이다. 팬덤이 무엇인지는 제13장에서 소개하겠지만 세계적인 명성을 얻고 있는 방탄소년단도 성공의 힘은 팬덤화fandoming에 있다고 한다. 팬덤화는 제5부에서 다룬다.

귀납적 접근의 세 번째 작업이 모델화다. 이 단계에서 예술제도와 정책인 거버넌스는 중요한데, 예술마케팅의 인프라이기 때문이다. 새로운 예술마케팅은 예술소비자를 중심으로 삼각형 모양으로 구성된다. 어느 한 축이 허술해도 되지 않음을 삼각형 모델은 함축하고 있으며 모든 마케팅활동이 연결되어 있음도 암시한다.

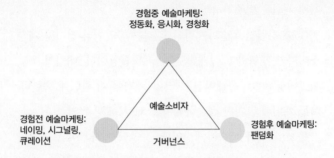

새로운 예술마케팅 모델

예술기관의 마케팅 진단

예술기관의 마케팅을 진단하는 과정으로 새로운 예술마케팅 모델을 설명한다.

첫 단계는 예술마케팅의 도입 수준을 삼각형으로 진단한다. 아예 제대로 된 예술마케팅활동이 없어 삼각형으로 표현할 수 없는 수준(아마도 대부분의 예술기관이 이 수준일 것이다), 삼각형으로 표현할 수는 있지만 한 꼭지만 있는 수준, 두 꼭지가 있는 수준, 세 꼭지 모두 있는 수준 등으로 평가할 수 있다.

그다음 단계는 각 꼭지의 내용을 체크하는 것이다. 예를 들어 경험전 예술마케팅은 세 가지 마케팅활동으로 구성되기 때문에 이런 활동을 모두 하는지 아니면 일부만 하는지를 체크하면 될 것이다. 경험중, 경험후 예술마케팅도 마찬가지로 체크하면 된다.

세 번째 단계는 각각의 예술마케팅을 구체적으로 체크할 수 있다. 예를 들어 큐레이션을 하고 있다면 이를 정확히 이해하고 있는지, 이해하고 있다면 구체적으로 어떻게 하는지를 체크할 수 있을 것이다.

끝으로 예술소비자에 대한 이해정도와 예술기관의 거버넌스를 진단에 포함하면 된다. 예술소비자란 말을 쓰고 있는지, 쓰고 있다면 누구인지, 그들이 원하는 바를 조사하고 있는지 등을 체크하면 될 것이다. 한편 거버넌스는 예술기관의 수입구조, 예술정책, 조직문화 등을 체크하는 것인데 자세한 내용은 제14장에서 다루기로 한다.

기존 예술마케팅과 비교

기존 예술마케팅과 비교할 정도로 인정받은 내용이 아니라 비교한다는 것도 좀 과한 표현이지만 차이를 말하는 것으로 읽어주기 바란다.

먼저 프레임이 다르다. 약간의 차이는 있지만 기존의 예술마케팅은 프레임1에 속한다. 일반 마케팅의 시스템을 거의 그대로 예술에 적용한 것이다. 하지만 이 책에서 제시하는 새로운 모델은 프레임2에 속한다. 이런 프레임을 따르는

연구가 처음은 아니다.[2]

두 번째로 새로운 예술마케팅은 예술생태계의 중심인 예술기관의 입장에서 논리를 전개한다. 그래서 예술기관마케팅이라 해도 된다. 코틀러 교수는 공연예술을 중심으로 콜버트 교수는 예술작품을 중심으로 논리를 전개하고 있어 비교될 수 있다. 따라서 실무에 적용하려는 경우 쓰임에 따라 적정한 모델을 사용하면 될 것이다.

세 번째로 새로운 모델은 기존 모델과 달리 예술소비자란 용어를 쓴다. 기존모델은 관람객, 청중, 방문객이라 하는데 이런 용어는 예술이 비즈니스가 아님을 은근히 말하려는 의도가 숨어 있다. 예술기관이 하는 공연이나 전시는 엄연한 비즈니스다. 따라서 소비자라 해야 한다. 다만 일반소비자와는 다르기 때문에 예술소비자라 한 것이다.

끝으로 기존의 마케팅 틀이 아닌 개념을 중심에 두고 있다는 점도 다르다. 기존 예술마케팅은 마케팅의 틀에 맞추려다 보니 논의가 자유롭지 못하다. 틀이 일종의 감옥이 되어 버렸다.

마케팅은 사실 정답이 없다. 끊임없이 여건에 맞게 바꾸어가야 하는데 예술마케팅을 기존 틀에 묶어두는 것은 위험할 수 있다. 그래서 여덟 가지 개념을 중심에 두고 있다. 이 모델에서 제시하는 여덟 가지는 어디까지나 예시다. 예술장르에 따라 다른 개념이 추가될 수도 있고, 기존 개념 중 적합하지 않은 것은 빠질 수도 있을 것이다.

제4장 예술 읽기

 새로운 예술마케팅을 구체적으로 논의하기에 앞서 예술마케팅의 한 축인 '예술'이 무엇인지를 생각한다. 어느 예술가는 이렇게 말한다. "예술은 현재의 세계를 건드려 다른 질서의 세계를 구축하는 사고실험이다. 가보지 않은 미래를 끌어당기고 존재하지 않았던 과거를 경험하게 한다." "예술은 영혼의 꽃으로 영혼이 세속화되면 꽃은 사라진다."

 이처럼 예술의 중요성과 순수성에 대해서는 한마디씩 할 수 있지만 정작 예술이 무엇인지에 대한 학문적 논의는 매우 복잡하고 다학문적^{multi-disciplinary}이다. 미학, 역사학, 사회학, 수학, 기호학, 경제학, 경영학 등 걸치지 않은 학문이 없을 정도로 예술은 다학문적이다. 그래서 '읽기'로 정리하려 한다. 다양한 각도에서 깊이 있게 이해하는 것을 '읽기'로 표현한 것이다.

대체로 다섯 가지 프레임으로 읽을 수 있는데, 그 중심에 미학^{aesthetics}과 예술사$^{history of art}$가 있고 최근에는 기호학 프레임이 큰 흐름으로 떠오르고 있다. 그 외 황금비율, 피보나치 수열 등 미적 형식을 논의하는 수학 프레임, 경제학이나 경영학으로 읽는 경제 프레임도 있다. 다양한 프레임으로 예술 읽기를 시작한다. 먼저 어원으로 예술을 읽어보자.

예술, 어원으로 읽기

'아트^{art}'는 예술과 기술이란 두 의미가 있다. 이유는 어원이 '작업하다' '만들다'라는 의미의 그리스어 아르스^{ars}이기 때문이다. 따라서 예술이든 기술이든 사람의 작업을 통해서 이루는 성과물이 아트다. 물적 성과물인 제품을 만들어내는 작업이 기술이고, 감각적·미적 성과물인 예술작품을 만들어내는 작업이 예술인 것이다.

이렇게 보면 예술과 기술은 동일한 장인노동에서 출발하여 산업사회에 접어들면서 기술은 표준노동으로, 예술은 표준화가 어려운 창작노동으로 나뉜 것이다.

장인노동craftsmanship은 생각하면서 만드는 노동으로 산업사회의 노동인 생각과 만듦(만드는 작업)이 분리된 노동과는 다르다.[1] 물론 요즘까지도 명품에서 장인노동이 살아 있고 개념예술에서 생각과 만드는 작업이 분리되는 현상이 있긴 하지만 예술노동은 여전히 장인노동의 맥을 잇고 있다.

예술노동에 주목한 대표적인 작가이자 철학자가 톨스토이Leo Tolstoy(1828~1910)다. 그는 문학을 예술의 한 영역에 포함시키면서 예술은 인류애를 구현하는 노동이고 작가, 아티스트, 뮤지션 등을 예술노동자로 간주한다.[2] 예술가들은 노동자이기에 작업조건이 열악하고 직업병으로 수명이 짧고 피폐한 삶을 살아갈 수 있다고 한다. 조명계 교수는 실제로 우리나라 예술교육 여건이나 예술가의 작업 여건이 매우 열악함을 입증하고 있다.[3]

어원으로 예술을 읽으면 예술은 감각적·미적 성과물을 만들어내는 노동이고 이를 수행하는 예술가는 창작노동자다. 작품은 예술노동의 산물이라, 표준화된 생산과정을 거친 제품과는 큰 차이가 난다. 그래서 희소성이 있고, 가격을 산정하기 어렵고, 신작이 기작旣作을 대체하지 못한다. 희소성으로 인해 사망한 작가의 작품가가 더 높고, 가격 산정이 어려워 경매시장이 큰 역할을 한다. 또한 신작과 기작이 공존하기 때문에 모방은 금물이다.

예술, 미학으로 읽기

미학aesthetics은 인간의 심미적 경험과 심미성을 탐구하는 학문으로 예술철학과 예술학으로 구분된다.[4] 예술학은 아래로부터의 미학으로 심미적 경험에 중점을 두고 있으며 예술사, 예술사회론, 예술심리론, 예술기호론 등으로 나뉜다. 이에 반해 예술철학은 위로부터의 미학으로 심미성인 아름다움을 사유하는 철학의 한 갈래로 칸트Immanuel Kant(1724~1804)의 『판단력비판』에서 시작한다. 우선 예술철학부터 논의한다.

예술철학의 중심주제는 미beauty인데 두 갈래로 나뉜다. "미는 예술을 통해 드러난 미적 감정이다." "미는 미적 가치가 있는 대상의 질이다." 앞은 예술로 드러나는 미의 범주를 말하고 뒤는 미의 조건을 말한다. 미의 범주와 미의 조건에 대해 간단히 살펴본다.

미의 범주[5]

작품을 통해 드러난 미란 대체 어떤 것이 있을까? 운명의 잔혹함을 그려낸 문학작품이 있고 봄의 환희를 담아낸 교향곡이 있고 아름다운 여인이나 전쟁의 비참함을 담아낸 회화도 있어 미를 한 마디로 무어라고 규정 짓기는 쉽지 않다. 미학의 시조라 할 수 있는 칸트가 『판단력비판』에서 미美와 숭고﹡高를 나란히 놓고 분석한 이후 '미의 범주'는 가닥이 잡혀 간다. 칸트의 견해를 잠시 경청하도록 한다.[6]

미는 대상의 형식에 관여되지만 숭고는 몰형식에 관여한다. 미 는 오성 개념의 표현이지만 숭고는 이성개념의 표현이다. 미는 질﹡質의 표상과 결부되지만 숭고는 양﹡量의 표상과 결부된다. 미 는 직접적인 삶의 촉진 감정인 데 비해 숭고는 간접적으로 일 어나는 쾌감 내지 일시적으로 멈추었다가 더욱 거세게 범람하 는 감정이다. 미가 유희적 상상력과 결부된다면 숭고는 유희가 아니라 엄숙한 것과 결부된다.

이후 미의 범주에 대한 논의는 점차 다양해져 그림과 같 이 정리된다. 그림을 보면 미는 이항대립적인 위치에 있는 개념에 따라 달라짐을 알 수 있다. (단순)미는 추와, 숭고미는 우(아)미와, 비극미는 희극미와 대립 관계에서 의미가 정해 진다. 또한 여섯 범주의 미가 두 범주로 묶일 수 있음을 보여 주고 있는데 미와 우미는 '아름다운 것'으로 묶이고 숭고 미·희극미·비극미·추는 '성격적인 것'으로 묶인다. 대립되 는 미의 범주를 간단히 살펴본다.[7]

먼저 미와 추(반미)다. 고전주의 미술에서 표방하는 질서, 비례, 균제 등이 미﹡美에 해당하고 낭만주의 미술에서 표방

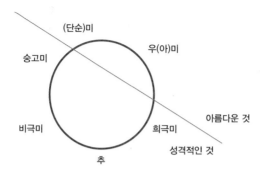

하는 반역, 모순, 감정, 불균형, 광기, 불안, 부조리, 암흑 등
이 추醜에 해당한다. 이렇게 말하면 추가 무슨 미의 범주에
속하는가 하고 의문하는 사람들이 있을 것이다. 낭만주의
는 추를 통해 미를 스스로 드러나게 하려는 것이지 추 자체
를 미로 보는 것은 아니다. 미와 추는 연꽃과 흙탕물로 비유
하면 된다. 흙탕물이 있어 연꽃의 아름다움은 드러나는 것
이다. 죽은 동물의 사체를 알코올 속에 담겨놓은 워홀Andy
Warhol(1928~87)의 작품은 이 예에 해당한다.

다음은 숭고미와 우아미다. 숭고崇高는 수학적 숭고와 역학
적 숭고로 나눌 수 있는데 전자의 예는 피라미드이고 후자
의 예는 폭풍이다. 우리가 대작을 보면서 놀라는 것은 수학
적 숭고미에 가깝다. 미켈란젤로·렘브란트·루벤스 등의 회
화나 고딕양식의 건축에서 그 예를 볼 수 있다. 한편 자연은
숭고하다고 할 때 그것은 역학적 숭고다. 신비적 잔인성과

매서운 즐거움을 느끼게 한다. 붕괴되면서 오히려 해방감을 느끼게 한다. 바흐와 헨델의 교향곡에서 역학적 숭고미를 느낄 수 있다.

우아미優雅美는 미적 대大인 숭고미와 대조되는 미적 소小로서 조용히 가라앉는 유희의 미다. 유희란 엄숙과 대립되는 개념이다. 그것은 우리 마음에 경쾌한 파동을 일으켜 미적 대에 못지않은 여운을 남긴다. 이는 정신적 자유에 따른 공감적 표출이고 감정과 이성이 조화된 이른바 아름다운 혼의 표출이다. 대부분의 음악이 여기에 해당하고 소장을 염두에 둔 회화 또한 여기에 속하며 건축은 18세기 로코코 양식에서 우아미를 추구한다.

세 번째가 비극미와 희극미다. 이는 따로 논의되는 것이 아닌 미적 감정으로서 혼합감정이다. 슬픔에 잠기고 나면 오히려 마음이 거뜬해지고 웃음을 터뜨리고 나면 오히려 서글퍼진다. 야스퍼스Karl Jaspers(1883~1969)는 비극적 삶과 비극성 없는 안전감을 구분하면서 비극적 삶에서 비로소 인간은 참으로 눈뜨게 되어 자기의 한계상황을 알고 인간존재 자체의 깊이를 알게 된다고 한다.

베르그송Henri Louis Bergson(1859~1941)은 웃음의 희극성을 강조한다. 웃음은 인간만이 갖는 고유한 것이고 무생각이며 집단성을 갖는다. 따라서 웃음은 중심에서 벗어나게 하고 기계화를 교정한다. 농담, 기지, 해학, 풍자, 반어 등으로 웃음은 표현된다. 채플린Charlie Chaplin(1889~1977)의 영화가 좋은 예다.

한편 폴켈트Johannes Volkelt(1848~1930)는 비극미를 인간의 위대성이라고 한다. 이는 비극 문학에서 그려내고 있는 비극미다. 아리스토텔레스는 비극미가 정화작용과 배설작용을 통해 고뇌를 환희로 나아가게 한다고 말한다. 희극미는 마음의 자유를 손상시키지 않으려는 것이 과제이지만 비극미는 마음의 자유를 철폐하고 재건하는 것을 지향한다.

미의 조건: 예술 내용

미의 조건은 둘로 나뉘는데 내용과 형식이다. 내용은 무엇을 말하는가이고 형식은 어떻게 미를 말하는가다. 고전주의는 형식을 중시하고 낭만주의는 내용을 중시하는데 모차르트 음악은 전자에, 베토벤 음악은 후자에 속한다. 하지만 예술에서 말하는 형식이란 살아 있는 형식으로 지도상의 흑선이 아니라 수묵화의 흑선처럼 함축의미connotation를 갖는 형식이다. 미의 조건으로서 예술 내용에 대해 먼저 알아본다.

예술 내용에 대한 논의는 예술이론에서 주로 하는데, 무엇을 예술이라 하는가? 라는 질문에 답하는 것으로 보아도 된다.[8] 다양한 답이 있을 수 있지만 여기서는 네 가지로 정리한다. 예술은 아름다움의 재현이다(모방론). 예술은 작가정신

의 표현이다(표현론). 예술은 예술기관에서 인정하는 것이다
(제도론). 예술은 소비자가 예술이라고 생각하면 예술이다(다
원론).

최초의 예술이론이기도 한 모방론은 아름다운 대상(주로
신성을 말한다)을 재현한 것이 예술이라고 보는 것이고, 표현
론은 대상을 작가의 상상력으로 상징화한 것이 예술이라는
것이다. 예술기관에서 전시나 공연을 하면 예술로 보는 것
이 제도론인데 '예술의 전당'이나 '세종문화회관'에서 트로
트 가수가 공연하면 트로트라는 장르도 예술이 된다. 예술
소비자가 '저건 예술이다'라고 생각하면 예술로 인정하는 것
이 다원론인데 관객이 영화를 보면서 가벼운 쾌감이 아니라
삶을 성찰하게 하는 비극미나 희극미를 느낀다면 영화도 예
술의 장르가 되는 것이다. 다원론에 이르면 예술과 비예술의
경계는 흐려진다.

모방론이나 표현론은 전통적 예술이론이고 제도론이나
다원론은 동시대contemporary 예술이론으로 예술 내용을 규정
하는 주류적 예술론이다.

미의 조건: 예술형식

다음은 미의 조건으로 예술형식이다. 예술에 어떤 형식이
있을까? 질적인 형식과 양적인 형식 두 가지로 나뉜다. 먼저

질적인 형식이다.[9] 예술작품을 구성하는 콘텐츠의 '다양성'과 '조화'가 질적인 형식이다. 발산과 수렴이라 해도 된다. 발산은 흩어짐이고 수렴은 모임이다.

다양성은 외연적 형식에 해당하고 조화는 내연적 형식인데, 좀 더 구체적으로 알아본다.

다양성은 어떤 예술 콘텐츠가 같은 장르의 다른 콘텐츠와 동일성을 잃지 않으면서 최대한의 차이를 나타내는 것으로 장르를 확장하는 논리다. 반면 내연적 형식인 조화는 특정 예술장르의 동일성을 확보하면서 예술콘텐츠(통합)를 작은 차이로 구성하는 것을 말한다.

다양성을 공통성 분화의 원리라 하고 조화는 군주적 종속의 원리라고도 한다. 두 원리가 잘 지켜질 때 특정 예술장르의 생명력은 살아 있게 된다. 쉽게 말해 특정 예술장르의 코드를 살리면서(군주적 종속의 원리) 기존의 작품과 다른 작품을 구성하는 것(공통성 분화의 원리)이 다양성이다.

다음은 양적인 형식, 즉 수학적인 형식이다. 수학적 형식은 다시 두 가지로 나뉘는데 균형[balance]과 자연미의 수학적 이미지화다. 균형은 대칭·대비·비례를 말한다. 대칭은 좌우대칭을 말하고 대비는 밝음과 어둠, 짙은 어둠과 얕은 어둠 등과 같은 대비가 있으며 비례는 수학적 비례로 팔등신처럼 부분과 전체, 부분상호(통합) 간의 비율을 말한다.

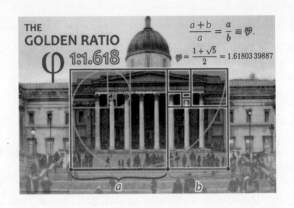

양적인 형식의 두 번째는 자연미의 수학적 이미지화다. 파르테논 신전이 아름다운 이유는 수학적 황금비율 때문이고 꽃이 아름다운 이유는 꽃잎이 일정한 수열로 배열되어 있기 때문이라고 한다. 이를 수학에서는 피보나치수열^{Fibonacci}이라 한다. 음악 또한 그러한데 예를 들어 화음은 일정한 수학적 진동 비율로 구성된다.[10]

예술, 예술사로 읽기

이는 예술학에 속하는 것으로 작품론 혹은 작가론이라 해도 된다. 작품론이나 작가론의 핵심은 어떤 작가가 해당 작품에 담아내려 한 시대성이다. 따라서 '예술, 시대성으로 읽기'라고 해도 된다. 작품의 본질은 시대성의 재현이고 시대성의 구성이다. 무슨 말인고 하니 작품 속에 시대성이 반영되어 있고 나아가 작품을 통해 시대성이 새롭게 조명된다는 것이다.

예를 들어 〈기생충〉이란 영화나 '방탄소년단'의 음악은 동시대성을 일정 부분 재현하고 있고, 이들 영화나 음악으로 인해 시대성이 명확하게 드러나는 것이다. 영화 〈기생충〉은 사다리가 사라진 빈부격차란 시대성을 반영하고 있고, 방탄소년단이 기승전결이란 독특한 형식으로 구성한 음악에는 이 시대 젊은이들의 고충이 재현되어 있다.

대중예술만 그런 것이 아니다. 〈세비야의 이발사〉란 오페라는 19세기의 부르주아들의 이중성을 재현하고 있으며 이 작품으로 인해 부르주아들의 의식이 어떤 것인지가 드러나는 것이다. 회화에서도 마찬가지다. 「세잔의 사과」란 작품에 산업혁명 이후 암울한 시대성인 멜랑콜리가 재현되어 있다.[11]

명작일수록 시대성을 잘 반영하고 또한 이것으로 인해 시대의 아픔을 반성하게 되고 새로운 시대가 열리게도 한다. 그래서 "예술은 시대의 자식이고 시대의 어머니다"라고 한다. 시대성이란 시대의 무의식이라 할 수도 있고 시대의 코드라도 해도 된다. 무의식은 그 시대를 사는 사람들의 인식을 좌우하는데 프로이트 심리학에서는 무의식이라 하고 기호학에서는 문화코드라고 한다. 이처럼 예술사 프레임으로 예술을 읽으면 작품 자체보다는 작품을 통해 작가가 드러내려한 시대성에 주목하게 된다.

예술사연구의 바탕이 되는 것이 예술이론인데 복잡하고 애매하며 문화이론이나 사회이론과 거의 중복된다. 따라서 이 분야를 이해하고 싶은 사람들은 예술이론, 문화이론, 사회이론 세 이론 중 하나만 확실히 이해하면 될 것이다. 이론 소개는 이 책의 범위를 벗어나는 것이라 비교적 명료하게 정리한 책을 참고문헌에 소개한다.[12]

예술, 기호학으로 읽기

'예술, 기호학으로 읽기'란 제목은 간단하지만 내용은 예술사만큼이나 복잡하고 어렵다. 순서로 치자면 기호학semiotics, semiology을 소개하는 것이 먼저겠지만 이 책의 범위를 벗어난다. 그래서 예술을 기호학으로 읽는데 관련되는 세 개념인 코드, 기호체, 의미작용을 간단히 소개하는 선에서 그친다.[13]

코드

우리는 살아가면서 흔하게 코드라는 표현을 쓴다. 코드가 다르네, 코드 인사를 하네, 오늘 입은 패션의 드레스 코드는 뭔지? 등등, 이렇게 쓰면서도 코드가 무엇인지에 대해 과연 생각해보았을까? 아마도 대부분 그냥 썼을 것이다. 이 코드에 기호학은 주목한다. 그래서 기호학을 '코드에 대한 학문'이라고 정의하는 이가 있을 정도다. 언어학에 뿌리는 두고 있는 기호학은 코드를 다음과 같이 정의한다.

우리가 일상으로 쓰는 언어를 언어활동으로 풀이하고 다음과 같이 나눈다.

언어활동^{language}=문법·문자^{langue} +말하기^{parole}

우리가 언어로 쓰고 있는 랭귀지는 언어활동인데 이것은 문법 및 문자를 의미하는 랑그와 말하기인 파롤로 구성된다. 기호학에서는 코드를 랑그에 해당하는 것으로 본다. 예를 들면 김치의 레시피는 절임 배추와 각종 양념을 버무린 김칫소, 보관 방법 등으로 일정하지만, 집마다 맛이 다른데 이유는 주부의 손맛이 들어가기 때문이다. 코드는 김치 레시피에 해당하고 파롤은 이 레시피에 기본을 두고 다양하게 발휘된 손맛이다.

코드는 논리적 코드, 심미적 코드, 사회적 코드로 나누어
지는데, 예술에서 주목하는 것은 심미적 코드다. 심미적 코
드는 미적·감각적 코드라 시대마다 다를 수 있다. 우리가
바로크 양식, 로코코 양식, 낭만주의, 사실주의, 인상주의 등
등 예술사조는 바로 그 시대의 심미적 코드에 해당한다.[14] 낭
만주의 시대의 작가라도 이를 해석하는 방식은 다를 수 있
기 때문에 작가마다 나름의 파롤이 있을 수 있다. 따라서 예
술작품 읽기를 할 때 그 시대의 심미적 코드인 랑그와 해당
작가의 해석인 파롤을 읽어내면 흥미롭게 작품에 다가갈 수
있다.

기호체

기호체는 기호의 다른 표현인데, 기호를 콘텐츠로 보는
경우에 기호체sign system라 한다. 예를 들어 영화를 콘텐츠로
보면 감독, 시나리오, 배우, 음악, 촬영방식, 제작사나 배급사
등으로 구성된 기호체인 것이다. 따라서 전시예술이나 공연
예술을 기호학적 읽기를 할 때는 기호체라 하는 것이 더 적합
한 표현이다. 다섯 문장을 보면서 기호체를 이해하기로 한다.

하나의 문장은 하나의 기호체인데 이것은 통합체와 계열
체로 구성된다. '나는 학교에 간다'는 통합체라 하고 나는, 그
는, 아버지는 등의 주어는 계열체라 한다. 계열체를 구성하

는 '나, 그, 아버지, 강아지, 그녀'는 단위 기호인데, 계열체에는 주어만 있는 것이 아니다. '학교에, 그녀를, 빵을, 고양이를, 시를' 등과 같이 목적격 계열체도 있다. 그리고 '간다, 사랑한다' 등과 같은 서술어 계열체도 있다. 통합체와 계열체에 대한 설명은 이 정도로 하고 이들의 분석에 대해 논의한다.

먼저 통합체가 제대로 된 의미를 가져 소통을 할 수 있으려면 코드가 있어야 한다. '나는 빵을 좋아하신다'라는 문장은 통합체로서 성립하지 않는다. 이유는 코드, 즉 문법에 어긋나기 때문이다. 또한 통합체가 기호체로서 의미를 가지려면 다른 통합체와 달라야 한다. 즉 문장과 문장 간에 차이가 나야 한다는 것이다. 만약 '내가 학교에 간다'라는 문장이 있다면 이는 기호체로서 적절하지 못하다. 왜냐하면 '나는 학교에 간다'라는 문장이 이미 있고 이것과 구분되지 않기 때문이다.

문장으로 기호체의 예를 들어서 그렇지 전시예술이나 공

나는	학교에 간다.
그는	그녀를 사랑한다.
아버지는	빵을 좋아하신다.
강아지는	고양이를 거부한다.
그녀는	시를 쓰고 있다.

연예술, 상차림, 패션, 결혼식이나 장례식 등의 의식까지도 분석에 포함할 수 있다. 예를 들면 서양의 상차림은 전체, 주식, 후식이란 계열체로 구성된 통합체이고 우리의 상차림은 밥, 국, 반찬, 찌개라는 계열체로 구성되는 통합체다.

의미작용

예술작품, 상업광고, 그리고 매스컴에 난 뉴스를 기호체로 보고 이를 분석하는 데 큰 공헌을 한 사람이 바르트[Roland Barthes] (1915~80)다. 그는 이러한 기호체를 신화(우리가 알고 있는 전통 신화가 아니다)라고 하면서 신화의 의미를 읽어내는 것을 의미작용이라 한다. 그는 의미작용을 외시의미[denotation]와 함축의미[connotation]로 나누고 후자에 주목한다.

예를 들면 이렇다. 갑돌이와 갑순이가 달밤에 데이트를 하면서 "갑돌아, 오늘 달이 참 밝지!"라고 갑돌이에게 은근한 목소리로 말한다. 갑돌이 왈 "얘는 오늘 저녁 구름이 끼어 달이 제대로 보이지도 않는데 무슨 소리야?"라고 응대하면 두 사람은 같은 문장을 두고 완전히 다른 의미작용을 하고 있는 것이다. 갑순이는 감탄사 "!"를 붙여가며 오늘 참 분위기 좋으니 좀 더 가까이 오라고 말하고 있고 갑돌이는 의문부호를 붙여서 문장 그대로를 해석하려 하고 있다.

이런 갭이 반복되면 두 사람은 머지않아 헤어질 가능성이 높다. 예술작품을 감상할 때의 의미작용, 즉 해석도 마찬가지다. 작품에서 보이는 것만 읽어내는 것이 외시의미작용이고 그 작품의 함축의미를 읽어내는 것이 함축의미작용이다. 따라서 의미작용은 작품의 해석에서 가장 중요한데 이를 도와주는 것이 전시나 공연 작품설명인 도슨트 프로그램이다. 이 경우 지나치게 상세하게 설명하면 작품에 대한 개인적 의미작용을 가로막을 수 있기 때문에 유념해야 한다.

다음은 고야Francisco José de Goya y Lucientes(1746~1828)의 「옷 벗은 마하The Naked Maja」라는 작품이다. 고야의 작품을 보면서 누드로 해석하는 것은 외시의미작용이고 함축의미는 다르다. 여권신장, 권위에 대한 도전, 탄생, 희망 혹은 외설 등으로 해석할 수 있을 것이다. 한편 상업광고에서도 외시의미와 함축의미를 활용한 예를 볼 수 있다. 대부분의 광고는 '우리 제품

좋지, 그러니 사지 않겠니'라는 메시지를 담고 있다. 하지만 최근에 애플은 아이폰 광고를 예술작품처럼 하고 있는데, 이 예에서 기존 광고와 달리 함축의미로 애플을 해석하게 하려는 의도가 엿보인다.

예술, 경제로 읽기

여기서 말하는 경제^{economy}는 부가가치창출이란 의미로 쓴다. 쉽게 말해 예술로 경제적 가치를 높인다는 것이다. 예술경제는 예술플랫폼, 아트 컬래버레이션, 예술 메세나^{Mecenat} 등이 그 예다.

예술플랫폼

파리, 런던, 뉴욕, 비엔나를 방문하는 사람들은 반드시 들리는 곳이 어딜까? 반드시란 표현은 좀 과장된 것이지만 미술관이나 대표적 오케스트라의 연주, 뮤지컬이 공연되는 공연장을 찾을 것이다. 미술관이나 공연장이 있어 도시나 지역의 생명력이 살아나는 것이다. 이것이 바로 예술로 관광객을 끌어들이는 예술플랫폼$^{arts\ platform}$이다.[15] 이뿐만 아니라 우리나라 지자체는 젊은 예술인들의 창작공간을 마련하여 이들

의 창작을 지원하고 해당지역에 방문객이 찾아드는 경제효과를 누린다.[16]

예술플랫폼의 또 다른 예는 '홍대 앞'이다. 압구정 로데오 거리와 홍대 앞은 비교가 되는데, 전자가 상업공간으로 잠시 융성했다 기억에서 사라졌지만 홍대 앞은 키치문화의 상징으로 아직도 주말이면 발 디딜 틈이 없을 정도로 호황을 누린다. 이유는 피카소 거리, KT&G 상상마당, 난타 공연장, 인디음악 공연장 등의 예술플랫폼이 있기 때문이다.

아트 컬래버레이션

이는 예술가와의 협업이나 예술작품 차용으로 부가가치를 창출하는 예술경제인데 두 가지 유형이 있다. 전자는 작가형 컬래버레이션이고 후자는 작품형 컬래버레이션이다. 이 분야의 연구가 제대로 정착되지 않아 다양한 분류가 있지만 기본은 두 가지 유형을 벗어나지 않는다. 작가형 컬래버레이션은 그냥 컬래버collaboration라 하며 매우 다양하고 활발하게 이루어지고 있다. 한편 작품형 컬래버레이션은 아트인퓨전arts infusion이라고도 하는데 한때 주목을 끌다 관심이 식었지만 예술경제로서 의미는 있다. 간단히 두 유형을 살펴본다.

먼저 예술차용인 아트인퓨전이다.[17] 그림의 예에서 볼 수 있는 것과 같이 미술관의 기념상품인 굿즈(여기서는 우산)에

서 흔하게 볼 수 있지만 일반제품의 포장에서도 볼 수 있다. 잘 알려진 작품을 차용하는 경우가 많지만 지명도가 낮은 작품도 참신하여 인기를 끈다. 애플의 광고나 LG 전자 가전제품의 광고에도 아트인퓨전은 흔하게 볼 수 있다.

한편 작가형 컬래버레이션인 컬래버는 너무나 흔하고 일반화되어 있다. 제품디자인에서부터 광고, 공간디자인, 한정판limited edition, 심지어 아파트 어린이 놀이터까지 다양하다. 이들 중 유명한 아티스트와 특정 브랜드 간의 협업이 가장 흔하다. 화려한 색채를 사용한 애니메이션으로 고급미술과 저급미술의 경계를 없앤 작가로 유명한 무라카미 다카시가 루이비통과 협업으로 디자인한 핸드백이 하나의 예다. 이런 컬래버는 대개 매출보다는 브랜드 홍보에 목적을 둔다.

예술 메세나

예술 메세나는 예술지원으로 기업의 이미지를 높이는 예술경제다. 메세나는 고대 로마의 아우구스투스 황제 시대에 시인과 돈독한 관계를 유지하며 이들의 창작활동을 지원하여 예술진흥에 기여한 메세나스^{Gaius Clinius Maecenas}(B.C.70~A.D.8)의 이름에서 유래하여 프랑스어로 메세나가 되어 오늘에 이르고 있는 개념인데, 예술·문화·과학에 대한 두터운 보호와 지원을 통칭하는 의미로 사용된다. 역사는 이러하지만 메세나라고 하면 르네상스의 꽃을 피우는데 앞장선 피렌체의 메디치가를 제일 먼저 떠올린다. 메디치가는 3대에 걸쳐 작가들을 후원했으며 가장 활발히 지원한 사람은 손자인 로렌초^{Rorenzo de Medici}(1449~92)다.

우리나라에서는 1994년 한국메세나협의회가 발족하면서 본격적으로 예술 메세나가 시작되어 오늘에 이르고 있다. 예를 들면 이렇다. 아모레퍼시픽이 후원하는 올해로 19회째를 맞은 미장센 단편영화제가 있다. '후원하되 관여하지 않는다'라는 원칙을 고수하고 있는데 2019년 1,184편이 출품하여 20:1의 경쟁이었다. 또한 2006년부터 지원하고 있는 설화 문화전으로 전통공예와 현대미술의 소통을 통해 한국 장인정신을 전파한다. 2019년 아모레퍼시픽 본사에서 두 달 넘게 열린 '미시감각―문양의 집' 전시는 건축, 공간기획, 드로잉, 패브릭, 인테리어, 패션, 영상 각 분야의 예술가들이 나비, 새, 꽃 등 전통문양을 현대적으로 해석한 작품을 출품해 호평받았다. 그 외 크라운해태홀딩스는 국악연주단을 지원하고 있고, 20년 넘게 영재 발굴 시스템인 '금호 영재 콘서트'도 있으며 두산그룹은 레시던시 뉴욕을 만들어 젊은 작가들의 뉴욕 진출을 돕고 있다.[18] 그 외 예술투자도 예술경제로서 중요하지만 지면상 생략하고 참고문헌으로 대신한다.[19]

제2부

•

예술소비자와 예술소비론

예술마케팅을 구체적으로 논의하기에 앞서 예술소비자와 예술소비에 대해 논의한다. 마케팅은 소비자에게서 시작하여 소비로 마무리된다. 예술소비자와 이들의 행위인 예술소비가 예술마케팅에서 그만큼 중요하다는 얘기다. 소비자나 소비는 예술에서 흔하게 사용한 개념은 아니다. 대신 예술소비자에 해당하는 소비 주체를 관객·청중·관람자·방문자 등으로, 예술소비는 감상·관람·향유 등의 다른 이름으로 불렀다. 예술마케팅에서는 이런 별칭을 예술소비자와 예술소비란 일반명칭으로 복원시키려 한다. 이유는 예술마케팅에서는 예술을 비즈니스로 보기 때문이다.

제5장 예술소비자

    예술소비자라는 표현은 익숙하지 않아도 관중이나 청중으로 번역되는 '오디언스audience'는 익숙할 것이다. 보는 행위, 듣는 행위 등의 감상행위에 초점을 맞추면 청중이나 관중이 된다. 하지만 어떤 예술기관이 제공하는 작품을 돈을 내고 구입한다는 것에 초점을 맞추면 예술소비자란 표현이 더 적합하다. 예술소비자를 논의하기에 앞서 소비자와 고객의 의미부터 짚어보자.

소비자는 누구인가?

예술소비자를 논의하기에 앞서 소비자를 이해하는 것이 순리일 것이다. 소비 주체인 소비자는 고객으로서의 소비자와 시민으로서의 소비자로 나눌 수 있다. 시민으로서의 소비자는 소비를 시민정신을 구현하는 임팩트소비impact consumption로 보는 소비자다.[1] 이들은 소비생활을 통해서 사회적·생태적·정신적 의미를 추구하려 하며 창조적 계층, 윤리소비자, 착한 소비자, 영향소비자, 문화소비자 등 다양한 이름으로 불린다. 두 관점으로 소비자를 볼 수 있지만 제5장에서 논의하는 예술소비자는 고객으로서의 소비자를 말한다. 이유는 우리가 통상적으로 소비자라 하면 고객으로서의 소비자를 말하기 때문이다. 그렇다면 고객은 누구일까?

고객의 의미

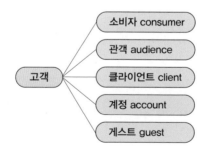

고객은 그림에서 보는 바와 같이 소비자consumer, 관객 audience, 클라이언트client, 계정account, 게스트guest 등 다양한 이름으로 불린다. 소비재 소비자가 중심이지만 고객은 거래 여건에 따라 다양한 이름을 갖는다. 예술에서는 관객으로, 서비스에서는 계약고객인 클라이언트로, 산업재에서는 계정으로, 호텔과 같은 방문이 중요한 서비스에서는 손님인 게스트로 불린다. 하지만 이들 모두는 고객이다. 그렇다면 고객은 어떤 의미를 갖는가? 고객의 의미를 어원으로 알아본다.

영어의 커스터머customer는 관습custom, 세금customs에서 유래한 것이라 관습을 따르는 사람, 세금을 징수하는 사람 등의 의미를 갖는다. 한편 커스터머의 번역어인 고객顧客에도 중요한 의미가 함축되어 있다. '고顧'는 돌아보는 사람, 사는 사람이란 의미고 '객客'은 손님, 방문자의 의미를 갖는다. 따라서 고객은 사고 돌아보는 손님이나 방문자란 의미를 띤다. 사고 나서 따지고 마음에 들지 않으면 떠나는 사람이라는 것을 함축하는 뛰어난 번역이다.

정리하면 커스터머는 세금을 징수하는 사람이나 관습을 따르는 사람이란 의미고, 고객顧客은 돌아보는 사람이란 의미다. 고객이 품고 있는 이런 세 가지 의미를 정확히 깨친 사람이 사업에서 성공할 수 있다. 여기서 월마트 창업자인 월튼 Samuel Moore Walton의 말을 들어보자.

보스는 단 한 사람, 고객뿐이다. 고객은 회장에서부터 하부구성원까지 모두 해고할 수 있는 능력을 갖추고 있다. 고객이 다른 곳에 신경을 쓰면 우리는 일자리를 잃을 수밖에 없다.

고객은 누구인가?

월튼 회장 외에도 현장에서 성공한 사람들이 고객을 까다로운 사람, 떠날 준비를 하는 사람, 급여를 주는 사람 등으로 정의하곤 한다. 이런 말을 들을 때마다 이들은 고객의 어원적 의미를 따로 생각하지 않았겠지만 체험으로 정확히 의미를 깨치고 있음을 알 수 있다.

이런 의미를 갖는 고객은 대체 누구일까? 쉬운 질문인 것 같지만 그렇지가 않다. 그래서 먼저 여러 질문을 던진다. 아기 이유식의 고객은 누구인가? 개밥의 고객은 누구인가? 참고서의 고객은 누구인가? 남성의 옷이나 화장품 고객은 누구인가?

어린아이 이유식의 경우 그림에서 보는 바와 같이 다양한 고객 후보군이 있다. 사용자는 아이, 구매자는 엄마, 지불자는 아빠, 정보통제자는 소아과의사, 영향자는 소셜미디어의 리뷰어나 유경험자다. 이들 중 누가 고객인가? 아마도 아이 엄마라고 생각하는 사람이 대부분일 것이다. 아직 품질이 검증되지 않은 신제품인 경우 소셜미디어의 블로거가 고객이 될 수도 있다. 아이가 어느 정도 크면 자기 입맛에 맞지 않는 이유식을 외면할 수 있어 사용자인 아이가 고객이 되는 경우도 있다.

이처럼 상황에 따라 고객은 달라진다. 하지만 고객을 정의하는 원칙이 있는데 그것은 바로 해당 제품이나 브랜드에 대한 구매의사결정자[decider]를 고객으로 본다는 점이다. 다시 말해 고객은 구매의사결정자다. 사용자, 구매자, 지불자, 정보통제자, 영향자 중 누구든 구매의사결정자가 고객이다.

흥미로운 점은 사용자, 구매자, 지불자가 동일인인 경우가 있고 그렇지 않은 경우도 있다는 사실이다. 여성용품은 전자의 예고 남성용품은 후자의 예다. 따라서 남성용품 마케팅과 여성용품 마케팅은 다를 수 있고 또 달라야 한다. 예를 들어 안마 의자나 보약, 해외여행 등에서 사용자와 구매자 및 지불자는 다를 수 있으므로 신중히 고객을 정하고 그들을 상대로 하는 마케팅 아이디어를 내야 한다.

미술작품, 공연이나 전시 등 여러 예술장르의 마케팅을 생각해보자. 작품을 선택하고 티켓의 요금을 지불하고 관람하는 사람이 일치하는 경우도 있고 일치하지 않는 경우가 있을 것이다. 가령 어버이날의 예술 공연인 경우 부모님이 사용자이지만 공연을 결정하고 티켓을 구입하는 사람은 자식일 수 있다. 대부분 일치하겠지만 고객이 누구인지 따져보라는 취지에서 예로 든 것이다.

고객의 분류

고객을 분류하는 기준에는 구매행동, 인사관리, 가치사슬 등이 있는데 각 기준은 쓰임이 다르다. 가장 흔하게 사용되는 분류기준이 구매행동이다. 그 이유는 일반 마케팅에서 구매행동으로 고객을 분류하기 때문이다. 예를 들어 단골, 뜨내기, 최초방문고객, 재방문고객, 중사용자, 경사용자 등으로 고객을 분류하고 이들에 대한 마케팅활동을 달리 구성한다.

인사관리를 기준으로 하는 분류는 서비스업에서 접점직원관리를 위해 고객을 분류하는 것으로 고객을 내부고객(접점직원)과 외부고객(손님)으로 나눈다. 접점직원은 육체노동, 정신노동에 덧붙여 정서노동emotional labor까지 해야 하는 어려운 노동이라 이들을 관리하는 방식이 육체노동이나 정신노동만을 하는 직원관리와 달라야한다. 그 때문에 붙여진 이름이 내부고객[internal customer]이다. 내부고객인 접점직원을 관리하는 것을 내부마케팅이라 하며 서비스마케팅에서 중시하는 방식이다.[2]

세 번째로 가치사슬[value chain] 분류다. 가치사슬은 부가가치 창출활동을 시스템으로 표현한 것으로 고객을 다섯 가지로 분류한다.

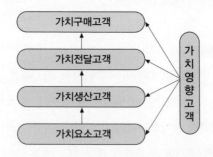

첫째, 가치요소고객이다. 이는 가치사슬의 바탕인데 제조업인 경우 부품이나 소재를 공급하는 업체를 말한다. 한일 간의 무역 분쟁에서 이슈가 된 부소장(부품·소재·장비)이 이것에 해당한다. 공연예술의 경우 배우나, 작가 및 비정규직 스태프가 이 범주에 속하는 고객이다.

둘째, 가치생산고객이다. 제품을 기획하고 이를 생산하는 업체로 자동차산업인 경우 현대자동차가 여기에 해당한다.

화장품인 경우 주문자생산업체$^{OEM \cdot ODM}$가 여기에 속한다. 공연예술의 경우 기획업체를 말한다.

셋째, 가치전달고객이다. 제조업의 경우 유통업체를 말하고 예술에서는 공연장이나 전시장이 여기에 해당한다.

넷째, 가치영향고객이다. 정부정책이나 제도, 언론이나 의회의원, 담당공무원이 여기에 해당한다. 공연예술의 경우 정부의 예술지원정책을 담당하는 의회나 담당공무원 그리고 이를 지원해주는 언론이 가치영향고객에 속한다. 또한 요즘은 셀러브리티가 가치영향고객으로 중요성이 증대하고 있는데, 이들이 어떤 전시를 보고 유튜브 등 SNS에 글을 올리면 팬덤이 이를 따르기 때문이다.

끝으로 가치구매고객은 예술소비자로 다음 절에서 논의하기로 한다.

예술소비자 이해

지금까지 고객과 소비자 일반에 대한 논의를 했다. 이제부터 예술소비자에 대한 논의로 들어간다. 예술소비자는 예술고객인 청중이나 관중을 달리 표현한 것이다. 예술소비자는 두 유형으로 나누어지는데 예술경험자$^{art\ experiencer}$와 예술사용자art user다. 예술사용자는 제품을 구입하여 사용하듯이 예술을 소비하는 사람들을 말하고, 예술경험자는 일반제품 소비와 달리 예술을 향유하는 사람을 말한다. 양자를 비교한다.

첫째, 예술경험자는 예술을 생활의 필수품으로 여긴다. 이에 반해 예술사용자는 예술소비를 생활의 선택요소로 여긴다. 예술사용자는 제품을 구입하여 사용하는 것과 같은 맥락으로 예술을 대하고 생활의 선택사양option으로 여긴다. 즉 소비해도 그만, 안 해도 그만이라 평생 극장 한 번 안 가다가 500만, 1000만이 본 영화는 보지 않으면 소외될까봐 극장으로 발길을 돌리는 사람들이다. 반면에 경험자는 밥을 먹지 않으면 배고프듯이 공연이나 전시를 보지 않으면 강한 허기를 느끼는 사람들이다.

둘째, 예술경험자는 사용 빈도가 주기적이고 사용 시간이 길지만 예술사용자는 비주기적이고 시간 또한 짧다. 사용 빈도나 사용 시간은 시장세분화에서 세분화의 기준이므로 중요하다. 어쩌다 한 번 극장에 가는 경사용자가 있고, 한 달에 두세 편의 영화를 보는 중사용자가 있으며 대부분의 사람들은 양극단 중간쯤에 있을 것이다. 따라서 사용 빈도와 사용 시간에서 예술경험자와 예술사용자는 확연히 다르다.

셋째, 예술경험자는 취향 중심의 자기결정성을 갖지만 예술사용자는 타인을 쫓아간다. 예술경험자는 자기가 좋아하는 장르, 작가나 감독, 뮤지션의 작품은 부담이 있더라도 가서 보려고 하지만, 예술사용자는 다른 사람이 좋다고 하거나 많이 가는 공연이나 작품을 본다. 그 결과 일정한 숫자 이상의 관람이 있는 영화는 더 가속을 받아 롱런하거나 기록 경신을 하게 된다. 따라서 예술기획에서부터 경험자를 타깃으로 할지 사용자를 타깃으로 할지를 정하는 것이 예술마케팅에서 매우 중요하다.

넷째, 예술경험자의 예술에 대한 지식이 전문가 뺨칠 정도이지만 예술사용자는 그렇지 않다. 따라서 이해에 도움을 주는 예술마케팅인 큐레이션이나 도슨트 서비스를 신중하게 할 필요가 있다. 경험자를 상대로 할 경우 기획의도나 작품 선정에 대한 안내 큐레이션은 어느 정도 필요하지만 전시장에서 작품 이해에 도움을 주는 도슨트 서비스는 최소화하는 것이 낫다. 하지만 예술사용자를 대상으로 하는 경우 큐레이션이나 도슨트는 자세히 그리고 친절할수록 좋은 예술마케팅이 될 수 있다.

다섯째, 예술경험자는 작품성masterpiece을 중히 여기지만 예술사용자는 재미pleasure가 우선이다. 시대정신과 작가정신을 담아내는 작품성이 뛰어난 작품은 예술소비자에게 성찰적 계기를 주고, 보통의 작품은 재미나 흥미를 준다. 예술경험자는 성찰적 계기를 주는 작품이나 작가에 강한 애착을 갖지만 예술사용자는 재미를 쫓기 때문에 특정 작가나 작품을 고집하지 않고 대중적 장르를 찾는 특징이 있다.

이상 다섯 가지로 예술경험자와 예술사용자의 특징을 비교하였다. 이런 비교는 어디까지나 예술경험자를 부각시키려는 의도에서 접근한 것이라 무리가 있을 수 있다. 하지만 예술마케팅은 그 대상을 경험자로 하는지 사용자로 하는지에 따라 그 내용이 달라질 수 있음을 말하는 것으로 이해하면 될 것이다. 지금은 경험자가 우리나라 국민의 4분의 1정도에도 미치지 못하지만 2분의 1정도까지 올라오면 정신적 선진국에 진입할 것이다.

예술소비자권리

우리 국민의 2분의 1이 예술경험자의 범주에 들어가려면 예술소비자의 권리가 보장되어야 한다. 소비자기본법의 바탕이 소비자권리consumerism인데 여섯 가지다. 안전할 권리, 알 권리, 선택의 권리, 알려질 권리, 소송과 보상을 받을 권리, 생활의 질을 보장받을 권리다.[3] 각 권리를 간단히 설명한다.

첫 번째가 안전할 권리다. 제품이 인체에 유해하거나 하자·고장으로 인해 소비자가 피해를 보지 않을 권리로 소비자권리의 기본이다.

다음은 알 권리다. 이는 제품의 성능, 위험, 특징 등에 대해 정보를 제공받을 권리를 말하는데 포장지에 유효기간이나 부작용, 사용용법 등이 기재된 것이 알 권리와 관련된 것이다. 따라서 제품 품질과 관련된 애매한 표현을 사용해서는 안 된다.

세 번째가 선택의 권리다. 이는 공정거래법에서 중요시하는 것으로 독점을 금지하고 부당하게 중소기업을 압박하는 가격정책도 하지 못하게 하는 것과 관련된다.

네 번째가 알려질 권리다. 이는 소비자의 불만이나 제품의 문제점을 기업에게 말할 수 있는 권리이고 또 소비자와 관련된 정부정책에 의견을 반영할 권리를 말한다.

다섯 번째가 소송과 보상의 권리다. 이는 하자가 있는 제품을 반품하고 피해를 보았을 경우 소송하고 보상을 받을 권리를 말한다.

끝으로 생활의 질을 보장받을 권리다. 소비자는 제품으로 인한 환경오염에서 자유로울 수 있는 권리를 말한다.

그렇다면 예술소비자권리는 어떤 것일까?

예술소비자의 다섯 가지 권리

예술소비자권리에 대한 논의가 지금까지 없는 것으로 안

다. 따라서 여기서 논의하는 것은 어디까지나 저자의 생각이다. 이 생각이 단초가 되어 예술소비자권리가 제도로 정착될 때 국민의 2분의 1 이상이 예술경험자 범주에 들게 될 것이다. 예술소비자의 권리를 소비자권리에 근거하여 다섯 가지로 논의한다.

첫째, 예술을 경험할 수 있는 권리다. 이는 가장 중요한 권리다. 사는 곳 근처에 미술관이나 공연장이 하나도 없어 먼 거리에 있는 타 도시로 가야 하는 번거로움이 있는 경우 국민으로서 예술경험권리가 침해된 것으로 볼 수 있다. 학교가 마을마다 있듯이 적어도 좋은 작품을 읽고 감상할 수 있는 미술관, 공연장, 도서관은 어느 지역에도 반드시 있어야 한다. 이는 경제성 운운할 것이 아니다. 성숙한 정신은 언론이나 학교의 교육으로 완성되는 것이 아니라 평생을 연마하고 성찰하는 데서 오는 것인데, 농어촌 지역으로 갈수록 이 기본권은 무시된다. 젊은이에게 예술경험권리가 없는 농어촌에서 아이를 기르며 살아가라고 하는 것은 국민에 대한 예술기본권 침해가 될 수 있다.

둘째, 예술선택의 권리다. 다양한 장르 중에서 자신의 취향에 맞는 예술작품을 예술소비자는 선택할 권리가 보장되어야 한다. 만약 몇몇 거대 미술관이나 특정 장르가 예술장르를 주도하는 것은 선택의 권리를 무시하는 것이다. 따라서 정부는 메인스트림 장르 외의 하부문화subculture 장르도 지원해야 한다. 독립영화나 새로운 장르인 인디음악을 지원하고, 정부나 지자체에서 운영하는 공연장이나 미술관에 다양한 장르가 공연되거나 전시될 수 있게 법으로 정해야 한다. 지금의 예술기관 감사에 고객만족도 조사가 포함되어 있는데, 이것이 필요하긴 하지만 가장 중요한 것은 다양성의 확보다. 얼마나 다양한 장르를 전시하고 공연기획을 했는지가 선택의 권리를 보장하는 데 중요하기 때문이다.

셋째, 알 권리다. 예술에 대한 알 권리는 교육을 받을 권리, 정확한 안내를 받을 권리로 나눌 수 있다. 학교 교육을 통해 우리는 음악, 미술, 무용 등 제한된 범위에서 예술교육을 받는다. 하지만 예술교육은 평생 받아야 한다. 예술복지의 일환으로 국민은 교육을 받을 권리가 있고, 또 이에 들어가는 비용을 정부나 지자체로부터 지원받을 권리가 있다. 지금은 동 행정복지센터에서 무료교육 기회를 주며 백화점 문화센터나 철학아카데미, 문학아카데미 등 사회교육기관에서 예술문화교육을 받을 수 있다. 이런 현실이라면 해당 교육기관을 제도적으로 지원하든지 거기에 들어가는 비용을 정부에서 지원해야 한다.

정확한 안내를 받을 권리를 말한 이유는 과장된 홍보가 있을 수 있기 때문이다. 피카소 대표작 전시회를 한다고 홍보하고서는 한두 점 전시하고 나머지는 다른 작품으로 채울 수도 있고 외국 유명 오케스트라 전원이 온다고 하는 공연장에 다른 연주자들이 공연하는 경우가 있기 때문이다.

넷째, 알려질 권리다. 예술소비자의 목소리가 전시나 공연기획, 정부의 예술정책에 반영될 권리다. 예술의 경우 기획자 중심이라 예술소비자가 관심 없는 것을 하는 경우가 흔히 있다. 그 이유는 예술소비자의 목소리가 반영된 것이 아니라 기획자의 편의나 전례에 따르는 경우가 흔하기 때문이다. 즉 혁신하지 않은 기획은 독선이다. 이렇게 말하면 예술소비자는 전문성이 부족하여 제안할 아이디어가 없다고 할 수 있는데, 그렇지가 않다. 예술소비자에게 아이디어를 내라는 것이 아니라, 기획자가 끊임없이 소비자의 목소리를 반영하고 있는지 스스로 질문하는 것이 알려질 권리에 충실해지는 방법이다. 또한 예술정책입안에 예술소비자의 목소리를 반영할 것을 말한다.

다섯째, 생활의 질에 대한 권리다. 예술기관의 지속가능성이다. 예술기관이 소외계층을 위해 서비스하고 공동체를 위한 공연을 하는 것은 사회적 지속가능성으로 이미 활성화되고 있는 것으로 알고 있다. 하지만 이것으로 부족하다. 예술기관이 환경을 생각하면서 운영되는 것도 매우 중요하다. 특히 에너지 사용으로 인한 탄소배출이 문제가 될 수 있다.

예술소비자의 취향

모든 소비자가 같다고 보면 마케팅은 존재하기 어렵다. 마케팅은 소비자가 다르다고 보는 데서 시작한다. 따라서 예술소비자의 취향이 중요하기 때문에 장르 취향을 알아본다. 어떤 예술장르를 선호할까? 좋아하는 예술장르에 따라 장르별로 취향을 나눌 수 있다.

먼저 하이브라우 대 로브라우다.[4] 브라우^{brow}는 눈높이인데 하이브라우^{high brow}는 역사적 의미를 갖는 클래식을 선호하는 예술취향을 말하고, 로브라우^{low brow}는 토착적인 것이나 낙서·아웃사이더 등에 관심을 주는 취향을 말한다. 하지만 최근에는 이 경계를 허무는, 토착적인 것으로 역사적 의미를 찾는 작가들이 나타나고 있어 노브라우^{nobrow}란 새로운 취향이 뜨고 있다.

다음은 아폴론 대 디오니소스다.[5] 이는 니체의 예술분류로 유명한데 신화로 예술취향을 분류한다. 아폴론은 그리스신화에 나오는 열두 신 중 한 명으로 태양·음악·시·예언·의술·궁술을 관장하는 신이다. 따라서 아폴론적 예술취향은 사유적이며 기교적인 미술이나 클래식 음악, 시를 좋아한다. 반면에 디오니소스는 포도나무와 포도주의 신이며 풍요의 신이자 황홀경의 신이다. 무용이나 축제, 영화, 소설 등에 대한 취향이다. 아폴론적 취향은 정형성을 선호하는 것으로 해석할 수 있으며 반면 어떤 규칙에 얽매이지 않는 자연스러움인 비정형성을 중히 여기는 것이 디오니소스적 취향이다. 미술은 대체로 아폴론적 장르에 속한다. 뮤지컬, 음악, 영화 등 대부분의 장르는 두 가지가 혼합되어 있는데, 혼합 장르의 비중이 점차 높아지고 있다.

세 번째로 메인스트림 대 하부문화인 인디 혹은 독립장르 취향이다.[6] 시대를 초월하거나 어떤 시대를 주도하는 코드로서 예술장르가 있는 반면에 이에 저항하는 틈새로서의 장르가 있는데, 전자를 메인스트림이라 하고 후자를 독립장르라 한다. 음악에서 클래식은 메인스트림이지만 젊은이들 사이에 유행하는 인디음악은 독립 혹은 인디장르에 해당한다. 물론 인디가 메인스트림이 되는 경우도 있지만 독립 장르는 틈새niche로 존재하는 것이 그 본연의 모습이다. 독립 장르는 형식이 자유롭고 시대성을 잘 반영할 수 있어 젊은이들의 지지를 받고 있는 것이 특징이라 젊은 예술로 불리기도 한다.

제6장 예술소비론

왜 우리는 시간과 돈을 들여 예술소비를 할까? 이에 대해 논의하는 것이 예술소비론[theory of art consumption]이다. 예술은 음식이나 집, 옷처럼 없으면 생존하기 어려운 생필품이 아니라는 이유로 시간과 돈이 있는 신흥부자들이 권태를 벗어나기 위해 즐기는 부르주아적 유희[bourgeois play]로 치부되었다. 하지만 시대가 바뀌었다. 이제는 신흥부자들의 유희인 사치품이 아니라 누구나, 특히 젊은이들에게 예술소비는 필수품이되었다. 집 없이 동가식서가숙하고 아르바이트로 생계를 유지하면서도 전시나 공연을 보려 다니는 젊은이가 늘어나고있다. 흔히 말하는 밀레니엄 세대가 사회의 주역으로 떠오른 지금 예술소비는 생활의 필수품으로 완전히 정착된 것이다.

생활은 생존에 해당하는 '생生'과 활력인 '활活'로 파자할 수 있다. 즉 생활은 생과 활로 구성되는 것이다. 우리의 생활이 생 중심으로 구성되던 시대가 있었지만 지금은 아니다. 소득 3만 달러가 넘어선 지금은 그 중심축이 활로 옮겨졌고 또 가고 있다. 활을 구성하는 것이 바로 예술소비다. 예술소비는 특정 계층의 전유물이 아닌, 이 시대를 살아가는 모든 이의 권리가 된 것이다. 이를 계기로 예술소비라는 개념이 새로 탄생한 것이다. 특정 계층만이 즐기던 시대에는 예술향유라고 하여 '소비'라고 하지 않았다. 예술이 대중의 생활 속에 자리 잡은 지금에 와서 향유라는 표현은 어쩌면 부적절한 표현일 수도 있다.

왜 우리는 돈과 시간을 들여 예술을 소비할까? 이 질문이 바로 예술소비론이다. 권태 벗어나기, 행복, 통과의례, 에로스, 기호공정이란 다섯 가지 프레임으로 예술소비를 말할 수 있다.

예술소비는 권태 벗어나기다

쇼펜하우어Arthur Schopenhauer(1788~1860)는 인생을 이렇게 말

한다. "인생은 권태와 욕망 사이를 오가는 시계추와 같다."[1] 이는 욕망추구와 권태가 인간의 운명임을 말하고 있다. 죽음이 인간의 운명이듯 권태 또한 운명이라 여러 철학자가 주목한다.

먼저 파스칼[Blaise Pascal](1623~62)이다. 토끼 사냥을 떠나는 사람에게 토끼가 여기 있으니 가져가라고 하면 화를 낸다고 한다. 이유는 토끼 사냥의 목적이 토끼가 아니라 권태에서 벗어남, 즉 기분전환이기 때문이다. 하지만 아무리 많은 토끼를 사냥하더라도 권태에서 벗어나지 못한다. 그래서 파스칼은 권태를 극복하는 방안으로 신의 영접을 제안한다. 신을 믿으면 권태란 인간의 운명에서 벗어나 진정한 여유인 한가함을 누릴 수 있다고 한다.

다음은 니체[Frederich Wilhelm Nietzsche](1844~1900)다. 그는 『즐거운 학문』에서 권태를 이렇게 기술한다. "지금 수백만에 달하는 유럽 사람들은 권태로 죽어버릴 지경이다. 그들을 보고 있자니 이런 생각이 든다. 어떻게든 무엇에 의해 괴로워지고 싶은 욕망을 지니고 있는 사람들이다. 그들은 괴로움을 추구하는 행동을 하려 가장 그럴듯한 이유를 찾아내고 싶어 한다."[2] 그래서 니체는 권태란 운명에서 벗어나려 하지말고 권태를 사랑하라고 한다. 권태를 안타깝게 여기거나 부담으로 느끼지 말고 운명으로 받아들이고 권태와 함께 살아가라고 한다.

파스칼과 니체의 철학을 이어받은 철학자 슈트라우스[Leo Strauss](1899~1973)의 말도 흥미롭다. 제1, 2차 세계대전을 일으킨 이유도 권태이고 나치 정권에 의해 자행된 홀로코스트도 권태가 그 원인이라고 한다.

세 번째로 영국 철학자 러셀[Bertrand Russell](1872~1970)이다. 그는 『행복론』에서 불행을 외부적 불행과 내부적 불행으로 나눈다. 일상적 불행은 후자에 속하는데 이것이 권태라고 한다. 그는 권태를 사건 없음에서 찾는다. 남의 사건이면 더 좋겠지만 그게 안 되면 자신의 사건도 원하는데, 그것이 바로 흥분이다. 그는 권태의 반대를 흥분에 두고 흥분할 수만 있다면 설혹 그것이 불행이어도 상관없다고 한다. 흥분하지 않으면 지루하고 그래서 흥분을 찾아 나서는 운명에서 벗어나는 길을 '열의'에서 찾는다. 열의를 가지고 생활하면 권태에서 벗어나 행복에 이를 수 있다고 말한다. 그래서 경제개발이나 민주화 등 사건이 많을 수 있는 사회의 청년들이 이런 것을 다 이룬 사회의 청년들보다 더 행복하다고 한다.

네 번째로 권태 철학자로 불리는 노르웨이의 스벤젠^{Lars Svendsen}(1970~)이다. 그는 권태가 사람들의 고민거리가 된 것은 낭만주의 탓이라고 말한다. 낭만주의는 자기 나름의 삶을 추구하는 것에서 시작한다. 낭만주의는 보편성보다 개별성을, 균질성보다 이질성을 중시한다. 우리는 낭만주의라는 병에 걸려 존재하지도 않은 생의 의미와 충실함을 필사적으로 찾으려 하고, 이러지 못했을 때 심각한 권태의 공격을 받게 된다. 따라서 권태와 싸우는 단 하나의 방법은 낭만주의와 단호히 결별하고 삶 속에서 개인의 의미를 찾는 것을 단념하라고 한다. 그는 단념을 권태 극복의 방안으로 제시하고 있다.

이상에서 여러 철학자가 권태에 대해 말하는 것을 살펴보았다. 학자마다 극복방안을 다르게 제시하지만 공통된 것은 권태가 운명이라는 것이다. 어떻게 하면 운명인 권태를 피할 있을까? 일해도 지루하고 안 해도 지루할 수 있기 때문에 이것에서 벗어나는 것은 어렵다고 한다. 그래서 다른 방안을 모색해야 한다. 그 길이 바로 '생'에서 '활'로 중심축을 옮기는 것이다.

기존의 철학자들은 생에 초점을 맞추고 이를 극복하는 방안을 제시하려 한다. 여기서는 활에서 권태를 극복하는 방안을 찾는 것이다. 그것이 바로 예술소비다. 좋아하는 장르의 예술을 소비하게 되면 생활에 활력이 생겨 운명으로서 권태를 극복할 수 있다. 이유는 예술이 우리에게 흥분과 열정을 주고 또한 삶의 의미를 재구성할 수 있는 모티프가 될 수 있기 때문이다.

예술소비는 행복 구성하기다

여러 철학자가 행복을 삶의 목적이라고 한다. 파스칼, 톨스토이, 프로이트 등이 그랬다. 이처럼 행복이 삶의 목적이 된 시기는 오래되지 않았는데 산업혁명과 여러 번에 걸친 정치혁명 이후로 19세기쯤으로 본다.[3] 이유는 자유, 인권 등 평등신화의 하나로 행복이 떠올랐기 때문이다.

서구와는 달리 우리는 지금에 와서 행복에 눈을 돌리기 시작한다. 이유는 소득성장이 행복을 가져올 것으로 알고 지금까지 참아왔는데, 3만 달러가 넘어선 지금도 행복의 파랑

새가 날아오르지 않기 때문이다. 과연 소득이 행복을 보장할까? 연구결과에 따르면 어느 정도까지는 소득과 행복이 비례하다가 그 정도를 넘어서면 행복과 소득의 관계는 옅어진다고 한다. 이를 행복의 두 요인이론two factor theory of happiness이라 한다. 소득은 행복의 필요조건이지만 충분조건으로서 다른 요인이 있다는 것이다. 그 다른 요인이 바로 예술소비다. 예술소비를 하는 사람들은 같은 소득 수준에서 그렇지 않은 사람에 비해 행복에서 차이가 나는 것으로 나타났다.[4] 그 이유는 무엇일까?

행복에는 두 면이 있는데 구성된 행복과 구성한 행복이다. 구성된 행복constructed happiness은 조건이 가져오는 행복이고, 구성한 행복constructing happiness은 어떤 조건이나 상황에서도 행복을 인식하는 것을 말한다. 이는 내 마음속에 행복이 있으면 좋지 않은 조건이나 상황 속에서도 행복을 느낄 수 있다는 것이다. 그렇다면 내 마음속에 행복은 어디서 올까? 교육을 통해서 아니면 태어날 때부터 나의 마음속에 존재할까? 아니다. 나의 노력과 의지를 통해서 행복은 내 마음에 찾아든다. 예술소비는 바로 행복이 마음속에 깃들게 하는 나의 노력과 의지다.

요약하면 예술소비를 통해 우리 마음속에 행복이 찾아들고, 이 행복감으로 인해 대상, 상황, 조건 등에도 불구하고 행

복을 구성하여 느낀다는 것이다. 소소하지만 확실한 행복인
'소확행'이 구성한 행복의 예다.

예술소비는 에로스다

에로스는 이상적인 것에 대한 그리움을 말한다. 에로티
시즘과 혼돈되어 성적 유희로 잘못 알려져 있지만 에로스는
인간의 호기심과 상상력을 유발하는 동인이다. 이상적인 것
에 대한 그리움이 없으면 현실에 안주하기 때문이다.

플라톤은 『향연』에서 에로스를 사랑의 신인 동시에 가장
오래된 신이면서 가장 좋은 것의 근원이 되는 신으로 정의
한다.[5] 신들의 제왕 제우스는 어느 날 지혜와 미의 여신인 딸
아프로디테를 얻는다. 너무나 기뻐서 그녀의 탄생일에 신들
을 모두 초청하여 잔치를 벌인다. 이 파티에 참석한 풍요의
신 포로스와 빈곤의 여신 페니아가 눈이 맞아 낳은 자식이
바로 에로스다. 이러한 출생 배경 때문에 에로스는 풍요 속
에서 빈곤을 느끼고 빈곤 속에서 풍요를 갈망하는 양면성을
갖는다. 그래서 에로스는 부족한 것(유한성)에 대한 갈망이며
부족함을 채우려는 욕망이다.

유한성은 인간의 운명인데 두 가지로 나뉜다. 신처럼 영

원히 살 수 없는 생명의 유한성과 신의 지혜에 미치지 못하는 지적 유한성이다. 생명의 유한성 때문에 오래 살려 애쓰고 오래된 것을 상찬한다. 한편 지적 유한성인 인지적·감각적 유한성으로 인해 내가 느끼거나 경험하지 못한 감각적·정서적 경험을 그리워한다.

예술은 바로 이러한 두 유한성을 넘어서려는 에로스를 충족시키는 힘을 갖는다. 클래식이란 이름으로 200년이 더 지난 음악을 매일 듣고 초현실주의 미술작품을 통해 작가가 그려내고 있는 신비한 상상력을 상찬하는 이유가 바로 에로스에 기인한다.

요약하면 에로스는 유한성이란 필연적 결핍을 충족시킬 수 있는 이상적인 것에 대한 그리움이다. 그래서 이렇게 말할 수 있다. 그리워서 작품이나 작가에 관심을 갖게 되고, 관심을 가지면 알게 되고, 알면 그만큼 마음이 넓어진다. 즉 지적 유한성을 극복할 수 있게 된다.

예술소비는 통과의례다

오늘과 내일이 순차적으로 오지만 어제가 오늘이고 오늘이 내일인 삶이 우리의 생활이다. 실존주의를 표방하는 작가인 카뮈^{Albert Camus}(1913~60)는 이를 인간의 운명으로 보고 '시시포스 신화'에 비유한다.[6] 시시포스는 신의 범죄를 폭로한 죄로 바위를 산꼭대기에 밀어 올리면 굴러내려 오고 또 밀어 올리는 형벌을 받는다. 제우스는 시시포스에게 죄의 잘못을 빌면 이 형벌을 면하게 해주겠다고 제안하지만 시시포스는 헤라클레스가 올 것을 믿고 거절한다.

신화를 빗대어 카뮈가 말하려는 요지는 이렇다. 매일 매일의 삶이 바로 시시포스의 형벌처럼 반복된다는 것이다. 출근하고 퇴근하여 잠자고 또 출근하고…… 이를 그는 부조리라 한다. 부조리한 운명을 넘어서려 신에게 의존하지 않고 헤라클레스를 기다린다는 것이다. 헤라클레스는 바로 운명을 피하지 않고 정면으로 받아들이는 인간 의지를 말한다.

문제는 인간 의지가 어디서 오는가다. 하면 된다는 식의 의지는 아니다. 여기서 말하는 인간 의지는 의지 있는 행위를 말한다. 어떤 행위? 부조리가 연속되지 않게 하는 '깨트리기'다. 어제와 오늘 그리고 내일이 단절되게 하는 것이다. 어제와 다른 오늘이, 오늘과 다른 내일을 구성하는 것을 말한다. 어떻게? 바로 통과의례^{boundary rituals}로 어제와 오늘을 단절하는 것이다.[7] 즉 통과의례를 통해 오늘과 다른 내일을 구성할 수 있다는 것이다.

일상생활 속에서 통과의례는 다양한데, 좋은 곳에서 친구들과 저녁 식사를 하는 것이나 여행, 새 옷 마련하기 등이 이에 속한다. 마음에 드는 새 옷을 입으면 어제와 오늘의 내가 달라짐을 느낄 것이다. 예술소비는 바로 일상생활 속의 통과의례다. 좋아하는 공연, 잘 기획된 전시, 의미 있는 주제를 뛰어난 크리에이티브로 구성한 영화를 보고 나면 자신의 마음이 달라짐을 느낄 것이다. 이처럼 예술소비는 마음이 달라지게 하여 어제와 다른 오늘을 구성하게 한다.

예술소비는 인간의 운명인 부조리를 받아들이면서 이에 굴하지 않은 헤라클레스에 해당한다. 헤라클레스는 힘이 세서 신도 함부로 하지 못한다. 예술소비는 힘이 세다. 그래서 인간의 운명인 부조리를 깨트리는 힘을 갖는다.

예술소비는 기호공정이다

기호학에서 자아는 구성되는 것으로 보는데, 이를 기호학적 자아semiotic self라 한다.[8] 즉 어떤 옷을 입고, 어디서 누구와 식사를 하고, 어떤 음악과 미술을 좋아하는지가 그 사람의 자아를 구성한다고 본다. 기호는 의미와 기표로 구성된다. 내가 하는 소비행위를 기표(어떤 옷)와 의미(옷의 의미)로 나누어 보면 소비생활이 자아를 구성하는 것을 짐작할 수 있다.

사람마다 소비생활이 다르고 또 부여하는 의미가 다르기 때문에 소비생활을 보면 그 사람의 자아를 추론할 수 있다는 것이다.

예를 들어 전시예술인 미술을 즐기는 사람이 있고 함께 춤추고 노래하는 뮤지컬과 같은 공연을 즐기는 사람이 있다. 전자는 아폴론적 예술장르고 후자는 디오니소스적 예술장르다. 아폴론은 지혜의 신이고 디오니소스는 축제, 와인의 신이다. 즉 의미가 다르다는 뜻이다. 디오니소스적 예술을 좋아하는 사람의 자아가 흐트러짐이라면 아폴론적 예술을 좋아하는 사람의 자아는 지적·논리적이라 할 수 있다. 따라서 예술소비는 기호학적 자아를 구성하는 데 큰 의미를 갖는다. 그렇다면 다른 소비에 비해 예술소비가 기호학적 자아 구성에 큰 의미를 갖는지 그 이유를 알려면 설명이 더 필요하다.

기호학적 자아는 유전적 공정과 혼합적 공정으로 구성된다. 생김새, 성격 등 타고난 것은 유전적 공정archival function이고, 어떤 옷을 입고 어떤 예술을 즐기고 하는 것은 혼합적 공정amalgamative function이라 한다. 서로 밀접한 관련을 갖지만 혼합적 공정이 유전적 공정보다 힘이 세다. 나의 생김새보다 더 중요한 것이 나의 소비행위라는 것이다.

예술소비를 하지 않는 사람은 유전적 공정의 지배를 받

을 수밖에 없을 것이다. 따라서 성형을 하고 외모 스트레스를 끝없이 받는다. 예술소비는 유전적 공정을 극복하는 데 효과적으로 작용하여 외모 스트레스를 넘어설 수 있게 한다. 예술소비가 일반화된 서구 여러 나라에서 성형은 큰 인기를 끌지 못하는 이유가 바로 여기에 있다. 외모 스트레스는 나이와도 상관이 있다. 늙음이란 육체적 한계를 극복하는 방안으로 운동보다 더 힘이 센 것이 바로 예술소비다. 예술소비는 혼합적 공정으로 자아를 유지하게 하는 묘약이 될 수 있다. 따라서 노인복지의 근간을 예술소비에 두는 것을 생각할 수 있는데, 예를 들어 극장의 우대티켓제는 바람직한 노인복지 제도로 볼 수 있다.

•

제3부

경험전 예술마케팅

이제부터 새로운 예술마케팅의 여덟 가지 개념을 논의한다. 여덟 가지 개념은 경험과정을 기준으로 크게 세 그룹으로 나눈다. 그 처음이 경험전 예술마케팅 이다. 이는 예술소비자가 특정 예술장르나 작품을 선정하는 데 영향을 미치는 활동으로 작품의 제목을 정하는 네이밍, 작품의 우수성을 알리는 시그널링, 작품을 예술소비자에게 알리는 큐레이션 등이 있다. 왜 하필 이런 활동인가? 그 이유는 전시나 공연에서 이런 활동의 마케팅효과가 크기 때문이다. 네이밍 부터 시작한다.

제7장 네이밍

헤이리예술인마을을 파주예술인마을로, 뉴욕의 예술거리를 소호Soho 대신 원래 지명인 휴스턴남쪽South of Houston이라고 했다면 과연 지금의 명성을 얻을 수 있었을까? 이름은 중요하다. 이유는 이름이 존재를 규정하고 또 존재를 드러나게 하기 때문이다.

예술마케팅에서 네이밍naming은 공연이나 전시의 제목 정하기인데 이는 전시나 공연에 생명력을 불러일으키는 중요한 작업이다. 다시 말해 제목 자체가 마케팅효과가 있다는 것이다. 흥미를 끄는 책 제목이 책 매출의 절반을 좌우한다는 말이 있을 정도로 네이밍의 마케팅효과는 크다. 따라서 예술작품의 제목도 마케팅효과를 염두에 두고서 정해야 한다. 어떻게? 먼저 네이밍부터 이해하도록 하자.

네이밍 이해

브랜드^{brand}는 두 차원으로 논의되는데, 하나는 브랜드자산이고 다른 하나가 네이밍이다. 브랜드가 창출하는 프리미엄을 측정하고 이를 높이는 방안을 논의하는 것이 브랜드자산인데 이에 관해서는 많은 연구가 되어 있다. 하지만 네이밍은 크게 주목받고 있지 못하다. 네이밍을 우리말로 풀어 이름 짓기 혹은 이름 붙이기 정도로 알고 있지만 사실은 그 이상이다. 그렇다면 네이밍은 어떤 의미인가? 네이밍을 파자하면 이름^{name}과 생명력^{ing}으로 나뉜다. 즉 '이름의 생명력'이란 의미다. 네이밍을 좀 더 이해하도록 하자.

네이밍 구성요소

네이밍은 네 가지 요소로 구성되는데 첫 번째가 이름^{name}이고 또 가장 중요하다. 그래서 사람들은 이름과 네이밍이 같은 것으로 생각한다. 셰익스피어의 『로미오와 줄리엣』에 나오는 대사다.

"이름이 뭐예요? 우리가 장미를 다른 이름으로 부른다 해도 장미는 여전히 향기로울 텐데. 로미오, 당신을 뭐라 부르든 당신의 완벽함은 변하지 않을 거예요. 이름을 버리세요, 로미오. 그리고 당신과 상관없는 이름 대신 제 전부를 가져가세요."

원수 집안의 아들과 사랑에 빠진 줄리엣이 성이나 이름이 도대체 왜 중요하냐고 하소연하는 대목이다. "언어의 한계는 곧 세상의 한계"라는 비트겐슈타인Ludwig Josef Johann Wittgenstein(1889~1951)의 논리에 근거하여 감히 『로미오와 줄리엣』의 명대사에 반론을 제기한다. 장미는 장미로 불려서 장미가 된 것이지 이전에는 한갓 잡초였을 뿐이다. 따라서 로미오는 이름을 버리는 순간 로미오가 아닌 것이다. 그냥 갑남을녀의 한 사람일 뿐이다.

이처럼 이름은 사람이나 사물에 생명력을 불어넣는 힘을 갖기 때문에 중요하다. 조선 시대 노비의 이름은 없거나 그냥 개똥이로 불렸다. 양반사대부가 이름의 힘을 꿰뚫고 있었는지는 모르겠지만 만약 이름을 개똥이 대신 영웅이라 했다면 어떠했을까? 노비들이 반란을 일으켰을지도 모른다.

한 생명체의 운명이 될 수 있는 이름은 의미meanings와 워딩wording으로 나눠진다. 의미로 본 이름은 세 가지로 나누어지는데, '물 먹는 하마'처럼 그 이름을 들으면 금방 해당 브

네이밍Naming

=이름Name(의미Meanings, 워딩Wordings)

+서체Typeface

+브랜드스토리Brand story

+아이콘Icons

랜드의 콘셉트인 제습을 떠올리게 하는 이름을 기술적 이름 descriptive name이라 하고, '참이슬'이나 '처음처럼' 같이 순수함을 함축하는 암시적 이름suggestive name이 있으며 정수기 브랜드인 '코웨이'처럼 한국의 암웨이란 설명을 들어야 비로소 의미를 알 수 있는 자의적 이름arbitrary name도 있다.

한편 워딩wordings은 'DB'나 'KB'처럼 문자letters로 된 것이 있고 '삼성' '포스코'처럼 단어words로 된 것이 있으며, '비타 500'처럼 숫자numbers로 된 것이 있다. 또한 문자나 단어가 한글, 한자, 외국어인지의 여부도 워딩에 속한다. 한때는 한자나 외국어가 활개를 쳤지만 지금은 한글이 대세를 이루고 있다.

두 번째로 서체다. 서체typeface는 타이포그래피와 캘리그래피로 나뉘는데, 전자는 정형성 서체이고 후자는 손글씨나 손글씨처럼 보이는 비정형성 서체를 말한다. 그림의 '참이슬'과 '처음처럼'이란 소주 브랜드는 캘리그래피에 속한다.[1]

타이포그래피는 정해진 서체를 말한다. 굴림, 한컴바탕,

바탕체처럼 일반화된 서체도 있고 특정 지자체나 기업이 디자인하여 사용하는 서체도 있다. 전자는 표준 타이포그래피라 하고 후자는 고유 타이포그래피branded typography라 한다. 고유 타이포그래피의 예로서 서울시 서체를 소개한다. 그림에서 보는 바와 같이 서울시는 '서울한강체'와 '서울남산체'란 두 서체를 정해놓고 있는데 우리가 쉽게 접하는 지하철에 쓰인 글씨체는 서울남산체다. 서울 디자인 가이드라인에 따라 서울남산체가 서울시 공공시설에 주로 쓰이고 있다.

다음은 브랜드스토리다. 브랜드는 대개 그 브랜드가 출현하게 된 계기나 만든 사람의 철학이 들어 있는데 이를 스토리로 구성한 것이 브랜드스토리다. 명품 브랜드는 말할 것도 없고 '새우깡'과 같은 간단한 기호품에도 스토리는 있다. 자세한 사례는 다른 책을 참조하는 것으로 하고 생략한다.[2]

끝으로 아이콘icon이다. 이는 도상으로 번역되는데 소주 브

서울남산체　　서울한강체

랜드 '참이슬'의 이슬이나 '처음처럼'의 새가 아이콘에 해당
한다. 아이콘을 좀 더 이해하기로 한다. 아이콘은 대상체와
유사한 기호로, 대상체와 비슷하게 보이거나 비슷한 소리를
내거나 비슷한 이미지를 갖는다. 가장 흔한 예로 남녀 화장
실 표식이 있다. 스마트폰의 앞면 표식 또한 그 예다. 도상은
시각적인 것에만 국한되지 않고 소리나 향도 있을 수 있다.
더 나아가 문장도 도상일 수 있는데 "침대는 가구가 아닙니
다, 과학입니다"라는 광고슬로건도 일종의 도상에 해당한다.

　네이밍을 이해하려 네 가지 구성요소로 나누어 살펴보았
다. 종합적으로 '스타벅스'의 네이밍을 분석해본다. 이름은
스타벅스, 고유 타이포그래피는 초록 바탕에 흰색으로 돋보
이게 하고, 유혹의 여신 사이렌이 아이콘이며, 소설『모비딕』
에 나오는 절제의 상징인 선원 스타벅에서 따왔다는 브랜드
스토리로 구성된다. '스타벅스'가 오늘날 세계 최대의 프랜
차이즈 카페가 된 이유 중 하나도 바로 네이밍의 힘이라고
할 수 있다. 이처럼 네이밍은 고객을 끌어들이는 힘이 세다.

네이밍 이론

네이밍 이론은 어떤 이름을 붙이면 마케팅효과가 큰지를 논의하는 것이다. 두 가지 접근이 있다. 송신자와 수신자의 정확한 의사소통에 초점을 맞춘 과정학파process school의 접근이 있고 수신자의 의미작용에 주목하는 기호학파적sign school 접근이 있다.[3] 예를 들어 감독이 담아내려는 메시지가 영화 작품을 통해 관객에게 잘 전달되었는지를 알아보는 것이 과정학파적 접근이고, 감독의 의도는 최소화되고 관객이 어떤 의미로 받아들이는지를 논의하는 것이 기호학파적 접근이다. 기호학파는 해석자의 의미작용에 초점을 맞춘다. 그래서 '작가의 죽음'이라고 한다.

과정학파: 의미중복과 과잉정보

과정학파는 의사소통의 의미중복redundancy과 과잉정보entropy 에 주목한다. 가령 나를 소개하는 말을 보자. "나는 교수고 마케팅 교수고 홍익대학교 경영대학 교수입니다"라고 반복적으로 자신을 소개하는 것이 의미중복이고, 이와 대조적으로 "철학과 문학을 좋아하고 시민운동을 하는 마케팅 교수입니다"라고 소개하는 것이 과잉정보다. 엔트로피를 과잉정보로 언론학자들이 번역하여 그대로 사용하지만 사실은 정보가 많다는 의미보다 정보의 분화·변화·다양성 등의 의미가 강하다.

다시 소개로 돌아간다. 의미중복적 소개를 들으면 '아, 이 사람은 어떤 사람이구나' 하고 금방 이해할 수 있다. 이를 정보의 예측성이 높다고 한다. 하지만 직업만 짐작할 뿐이지 그 사람의 성격이나 생각을 알 수가 없어 정보성은 낮다. 청자가 교수에 대해 갖는 관례^{conventions}로 그 사람을 판단하기 때문에 그 사람의 모습이 잘 드러나지 않는다.

반면 직업을 벗어난 관심, 태도, 행동 등을 소개하는 과잉정보는 청자를 헷갈리게 한다. 마케팅 교수가 철학과 문학, 예술에 대한 조예가 있다고? 대체 어떤 사람인지 관례로 인식하기 쉽지 않아 이를 정보의 예측성이 낮다고 한다. 하지만 그 사람의 진면목에 가까이 갈 수 있어 정보력은 오히려 높다. 이처럼 의미중복과 과잉정보는 나름의 한계가 있다.

네이밍과 연결시켜 보면 앞서 논의한 기술적 이름, 암시적 이름, 자의적 이름을 의미중복과 과잉정보로 분석할 수 있다. 제습제의 이름을 '물 먹는 하마'라고 하는 것은 의미중복에 해당하고 '코웨이'는 과잉정보에 해당하는 이름이다. 한편 '참이슬'과 '처음처럼'은 중간쯤에 해당한다. 또한 아이콘에서도 차이가 나는데 '참이슬'의 이슬은 의미중복이고 '처음처럼'의 까치 아이콘은 뜻을 짐작하기 어려운 과잉정보에 해당한다(100쪽 이미지 참조).

어느 접근이 더 나은지는 맥락^{context}이나 청자의 인식수준에 따라 다르다. 애매한 과잉정보를 받아들이는 맥락이 있고 그 반대인 경우도 있다. 비즈니스 계약인 경우에는 과잉정보는 피해야 하겠지만, 네이밍은 정보력이 중요할 수 있어 과잉정보가 긍정적으로 받아들여진다. 또한 청자가 무슨 의미인지 빨리 이해하고 넘어가려는 사람들인 경우는 의미중복을 선호하겠지만 애매하면 자꾸 생각하는 사람은 과잉정보를 선호할 수 있다.

이런 예가 있다. 과즙이 조금 들어간 음료 시장에 처음 출시된 브랜드의 이름은 '미과즙음료'였고 두 번째로 출시된 음료는 '2% 부족할 때'였는데, 후발 브랜드가 인지도 1위가 되었다. 전자는 의미중복에 해당하고 후자는 과잉정보에 해당하는 예다. 하나만 더 예를 든다. 가령 『뭘모아싫』이란 책 제목이 있다. 어떤 반응을 보일까? 대부분 궁금해서 무슨 내용인지 알아보려 할 것이다. '뭘 할지는 모르지만 아무거나 하긴 싫어'의 줄인 말임을 알고 나면 이미 책에 마음은 가 있다.

학교 뒷문 가까이에 있어 점심 후 자주 들리는 카페의 이름이 '밀가루인쇄소'다. 처음에는 베이커리인 줄 알았는데 빵은 만들지 않는 그냥 카페다. 또한 이런 예도 있다. 이탤리언 레스토랑인데 한 곳은 '샬롯토상수'이고 다른 곳은 '플레이트649'이다. 샬롯토는 이탈리아어로 사랑방이란 의미라 금방 이해가 되지만 플레이트와 거기에다 숫자까지 추가되니 뭔지 궁금하여 들리고 또 주인에게 네이밍의 스토리를 묻게 된다.

기호학파: 외시의미와 함축의미

기호학파적 접근은 신화분석으로 유명한 기호학자 롤랑 바르트의 이론에 근거한다. 그가 말하는 신화는 그리스·로마 신화가 아니라 우리 사회의 담론을 말한다. 신화는 만든 주체, 즉 송신자가 누구인지 명확하지 않지만 우리 생활에 미치는 영향이 크기 때문에 수신자의 해석이나 해독이 중요하다. 이른바 '작가의 죽음'이다. 수신자의 해독이나 해석을 의미작용signification이라 한다. 의미작용은 두 단계로 이루어지는데 먼저 외시의미denotations로, 이어서 함축의미connotations로 해석한다.

외시의미는 기호 자체를 중심으로 해독하는 것이고 함축의미는 맥락context에 의해 그 기호의 이면에 함축된 의미를 해석하는 것을 말한다. 예를 들어 고향에 있는 엄마가 서울로 공부하러 간 아들이 보고 싶어 전화로 "아들, 밥은 먹고 다니니?"라고 안부를 묻는다. 아들이 "엄마 밥 안 먹고 어떻게 살아요. 학교 가야 하니 전화 끊어요"라고 답하면 외시의미로 해독한 것이다. 이런 경우 "엄마도 잘 지내시죠, 저도 건강하게 잘 지내고 있어요, 엄마 사랑해요"라고 하면 함축의미로 전화를 받은 것이다.

이처럼 '밥은 먹고 사니'라는 안부(이를 텍스트라 한다)의 의미를 콘텍스트에 맞게 추론하는 것이 함축의미로 해석하는 것이다. 문화콘텐츠로 예를 든다. 봉준호 감독의 영화 〈기생충〉이란 네이밍을 분석해보자. 외시의미는 우리가 학교에서 배운 회충, 조충 등 기생충의 사전적 의미다. 하지만 영화에서 기생충은 사회적 사다리를 오르지 못한 사람들의 삶의 모습이다. 올라갈 사다리를 찾지 못한 사람들을 반지하 사람들로 비유하고 올라가기보다 부자를 숙주로 살아가는 모습을 그려내고 있다. 이는 토드 필립스 감독의 영화인 〈조커〉도 마찬가지다. 살인을 하고 계단을 내려오면서 춤을 추는데 이는 출세하고 부자가 되는, 오르기 중심의 세상 코드를 비판하는 함축의미를 담고 있다.

예술마케팅에서 네이밍

다양한 예술장르가 있지만 여기서는 미술작품의 네이밍을 예로 든다. 미술작품을 간단히 추상화와 구상화로 나누고 네이밍은 의미중복적 네이밍과 과잉정보적 네이밍으로 나누어 그림처럼 네 가지로 감상자의 의미작용을 논의한다. 구상화는 대상을 재현하는 것에 충실한 미술작품이고 추상화는 작가의 마음 표현에 충실한 작품으로 정의한다. 의미중복 네이밍은 작품이 담고 있는 메시지를 이름으로 반복하는 것을 말하고, 과잉정보 네이밍은 그림이 담고 있는 메시지를 금방 짐작하기 어려운, 생각하게 하는 이름이다.

먼저 구상화를 의미중복과 과잉정보로 네이밍했을 경우의 의미작용이다. 다음 그림은 1800년경 제작된 고야의 「옷 벗은 마하」라는 작품이다. 이 그림에 누드, 옷 벗은 마하, 프리덤 등의 세 가지를 붙여보자. 누드는 의미중복이고 프리덤은 과잉정보이며 옷 벗은 마하는 양자를 혼합한 네이밍이다. 이들 네이밍에 따라 작품을 해석하는 의미작용은 달라진다. 누드라고 한 작품을 감상할 경우, 그림 속에 나타난 여성의 몸을 자세히 볼 것이고(의미작용1: 외시의미에 치중), 프리덤이라 하면 이미지 너머에 있는 이 시대 여성의 속박을 생각하

면서(의미작용2: 함축의미에 치중) 작품을 감상할 것이다. 그런데 「옷 벗은 마하」는 누드에 주목하면서 마하라는 이름의 여성이 처한 사회적 여건과 연결시켜 해석하려 할 것이다(외시의미와 함축의미).

두 번째로 추상화를 의미중복과 과잉정보로 네이밍했을 경우의 의미작용을 살펴보자. 네덜란드 출신으로 근대 추상화의 개척자 중 한 명인 몬드리안Pieter Cornelis Mondriaan(1872~1944)이 1912년에 그린 두 작품이다. 왼쪽은 「꽃 피는 사과나무Blossoming Apple Tree」란 작품이고 오른쪽은 「구성 10Composition NO.10」이란 작품이다.

두 작품의 이름은 의미중복에 해당한다. 그냥 봐도 어느 정도 사과나무를 연상할 수 있고 사과나무라고 하니 그림에서 사과나무의 이미지를 우리는 찾게 된다(의미작용3: 외시의미). 「구성 10」이란 작품 또한 마찬가지다. 만약 작품의 이름

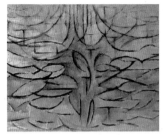 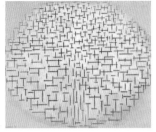

을 반대로 붙였으면 어떠했을까? 왼쪽 그림을 '구성'이라 하고 오른쪽 그림을 '꽃 피는 사과나무'라 했을 경우 감상자는 해석에 혼란을 느끼지만 함축의미는 커질 수 있을 것이다(의미작용4: 함축의미). 추상화에서도 의미중복은 외시의미를 유도하고 과잉정보는 함축의미로 그림을 해석하게 한다.

　미술작품 네이밍 예만 들었지만 전시기획의 네이밍도 마찬가지다. '코로나19를 이겨내는 사람들'이란 이름으로 전시기획을 하는 경우(의미중복)와 저항 혹은 침묵이란 이름(과잉정보)으로 전시기획을 하는 경우, 작품의 컬렉션이 달라지는 것은 말할 것도 없거니와 예술소비자의 의미작용도 달라진다. 저항이나 침묵으로 네이밍된 전시에서 사람들은 시대적 고통에 저항하는 인간의 다양한 모습을 끄집어낼 수 있을 것이다. 예술에서 네이밍이 이렇게 중요한데도 대부분 미술작품의 이름은 작가가 직접 정하는 것으로 알려져 있다. 네이밍은 전문영역이다. 전문가에게 맡길 것을 권한다.

제8장 시그널링

세계적 경연대회에서 입상한 뮤지션이나 작품이 인기를 끌고 경매시장에서 비싸게 낙찰된 미술작품이 높이 평가받는 이유가 무엇일까? 메달의 색깔과 작품의 가격이 뮤지션이나 예술작품의 우수성을 말해주는 시그널signal로 작용하기 때문이다. 전문가가 아닌 일반 예술소비자는 사실 자기의 돈과 시간을 들여 구입하거나 감상하는 예술작품의 우수성인 품질을 알기가 쉽지 않다. 그래서 품질을 짐작할 수 있게 하는 증거가 필요한데 이를 시그널이라 한다. 시그널을 활용하는 마케팅을 시그널링signalling이라 한다. 특히 예술작품에서 시그널링의 효과가 큰데, 그 이유는 뭘까?

품질알기와 시그널

예술작품과 일반제품과의 가장 큰 차이점은? 하고 물으면 무엇이 떠오를까. 세상에 하나뿐인 것, 오래될수록 가치가 올라가는 헤리티지 등 다양하게 그 차이를 말할 수 있을 것이다. 여기서는 품질알기perceived quality로 일반제품과의 차이를 논의한다. 어떤 작품이 좋은지를 알기가 쉽지 않다. 경험해 보면 알 수 있다고 하지만 사실 전시를 보고, 세계적 거장이 연주하는 클래식 공연을 감상해도 일반예술소비자는 그 품질을 알기가 쉽지 않다. 어떻게 예술소비자는 품질알기를 할까? 이 물음에 답하려면 세 가지 품질속성을 이해해야 한다.

세 가지 품질속성

일반제품에서 품질은 품品과 질質로 파자되는데, 품은 제품의 개념을 말하고 질은 이 개념을 얼마나 잘 구현했는지를 말한다. 이를 예술작품에다 적용하면, 개념은 해당 작품의 예술적 의미이고 질은 이를 얼마나 독창적이며 디테일하게 그려내는지의 여부다.

그렇다면 소비자는 품질을 어떻게 알 수 있을까? 이 질문에 답하려면 품질의 세 가지 속성인 탐색품질, 경험품질, 신뢰품질을 알아야 한다. 탐색품질search quality은 구입하기 전에 알 수 있는 품질이고, 경험품질^{experience quality}은 경험하면 알 수 있는 품질이며, 신뢰품질^{credence quality}은 경험해도 모르는 품질을 말한다.[1]

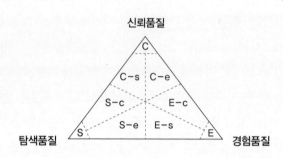

그림의 S, E, C는 하나의 품질속성이 강한 극단적인 경우를 표현한 것이고 현실은 C-s처럼 혼합돼 있음을 보여준다. 세 가지 품질 중 어떤 속성을 갖는지에 따라 품질알기는 달라진다.

예를 들어 옷을 살 때 입어보고 만져보면서 마음에 드는 옷을 고르는 것은 옷이 탐색품질 속성이 높은 제품이기 때문이다. 미장원에 가서 서비스를 받아보면 제대로 머리를 해주는지를 알 수 있는데 이는 미용서비스가 갖는 경험품질속성 때문이다.

탐색이나 경험으로도 품질을 알 수 없는 경우가 있는데

의료서비스가 대표적이다. 적정한 치료를 했는지 치료비는 과다 징수하지 않았는지를 일반 환자가 알기는 어렵다. 이럴 경우 소비자는 어떻게 품질알기를 할까? 품질이 좋음을 나타내는 시그널로 판단한다. 구체적으로 어떻게 하는지 알아본다.

신뢰품질 알기

신뢰품질이 높은 것이 의료라고 했지만 사실 사람의 품질은 더 알기 어렵다. 겪어보면 안다고 하지만 어떤 여건에서 겪는지에 따라 판이하게 다른 사람이 되기 때문에 사람 알기가 가장 어렵다. 배우자를 구하거나 기업이나 조직에서 사람을 쓸 때 그 사람의 됨됨이를 알 수 없어 어떻게 하는지 생각해보자.

여성이 남성 파트너를 구하는 경우 선을 보고, 데이트를 하고, 부모님의 판단을 경청한다. 이럴 경우 남자는 어떻게 할까? 그 여성의 마음에 들기 위해 선물이나 꽃을 사다주고, 좋은 차로 야외로 나가 데이트를 하고, 자기가 어떤 직장에서 얼마나 유능한지를 대화에서 흘릴 것이다. 여성은 품질을 짐작할 수 있는 시그널을 구하고 남성은 시그널효과가 큰 신호를 의도적으로 보낸다.

직장에서 사람을 구하는 경우도 마찬가지다. 스펙을 검토

하고 면접을 몇 차례에 걸쳐 하고, 그것도 부족하여 인턴으로 몇 달 근무하게 한다. 이 경우 직장을 구해야 하는 입장에서는 내가 얼마나 이 회사와 해당 직무에 맞는지를 알리는 스펙을 쌓고, 인성을 입증하는 테스트 점수를 얻고, 성실성과 인화력 등을 보여주는 추천서를 만든다.

의료서비스에 대한 품질 알기도 마찬가지다. 치료받을 유명한 의료기관을 찾고, 해당 분야의 최고 권위자를 찾아 몇 달씩이나 대기하고, 같은 병을 앓은 사람들의 평판을 참고로 한다.

그러면 의사나 의료기관에서는 어떤 시그널을 활용하여 품질을 짐작하게 할까? 간단히 동네 의원의 예를 보자. 동네 의원에 가면 의사 선생님이 무슨 대학교 출신인지를 알게 하고 금장을 두른 외래교수 출강증을 환자 대기실에 걸어둔다. 그리고 대중매체에 나가서 의료에 관해 강의하는 비디오를 틀어놓는다.

세 가지 예는 소비자가 신뢰품질을 알기 위해 시그널을 활용함을 말한다. 이러한 시그널을 사용하여 소비자가 안심하고 자기나 자사 제품, 서비스를 선택할 수 있게 하는 것이 시그널링이다.

시그널은 다양하다

시그널은 신호로 번역되는데 다양한 유형으로 나눌 수 있다. 먼저 제도적 신호와 사적 신호다. 교통신호가 제도적 신호이고 갑돌이가 갑순이에게 보내는 사랑의 메시지는 사적 신호에 속한다. 사적 신호는 기호라고도 하는데, 화가 났을 때의 목소리나 표정 그리고 몸짓 등이 여기에 속한다. 또한 예전 미혼과 기혼의 머리 스타일도 사적 신호에 속한다. 교통신호, 비상시 119의 사이렌, 공인자격증, 박사학위 등 법이란 제도의 보증을 받는 신호는 제도적 신호에 해당한다.

다음은 계약전후로 나눈 신호구분이다. 계약전 신호와 계약후 신호로 구분한다. 이는 대리인이론^{agency theory}으로 설명된다.[2] 주주인 주인이 대리인인 경영자를 선별하고 경영을 위임하는, 소유와 경영의 분리현상이 나온 이후 나타난 이론이다. 주주는 자신의 이익을 잘 대변하는 사람을 경영자로 선정하려 할 것이고 임명 후에는 경영을 잘하는지 감시한다.

주주가 하는 이런 노력을 대리인비용이라 하는데, 계약전의 노력은 선별비용^{screening cost}이라 하고, 계약후의 노력은 감시비용^{monitoring cost}이라 한다. 이 대리인비용을 줄이려 주주는 신호를 사용한다. 계약전에는 경영경험이나 평판 등을 계약후에는 주식옵션이나 인센티브를 신호로 사용한다.

세 번째로 브랜드와 소비자 간의 신호다.[3] 여기에 속하는 신호는 가격과 비가격으로 나뉜다. 가격을 품질의 신호로 활용하는 경우가 있고 브랜드명성, 소비자층, 시장점유율, 고객만족도, 광고나 홍보 등을 활용하는 경우도 있는데 이들은 비가격신호라 한다. 시장 메커니즘이 잘 작동하면 가격만큼 품질을 잘 나타내는 신호가 없다. 싸면 비지떡이고 비싸면 고품질로 보면 된다.

그런데 소비자는 이런 질문을 한다. 싸고 맛있는 음식점 어디 없어요? 이른바 맛집을 찾는다. 가격이 저렴해도 맛있는 집이 있으니 이런 질문을 하는 것이다. 이는 가격이 아닌 다른 신호가 있음을 말한다. 그래서 비가격신호가 가격신호 이상으로 중요한 것이 된다.

미슐랭 별점을 받은 레스토랑이야, 삼대째 하는 냉면집이야, 자기 농장에서 직접 키운 재료로 요리하는 집이래, 예약하지 않으면 먹기 힘들어, TV 아침 방송에 나온 집 등등 비가격신호는 매우 다양하다. 또 이런 것도 있다. '셰프가 세계적 요리대회에서 금상을 탔대' '서울 유명한 호텔의 주방장 출신이래' 등등 어떤 브랜드의 품질을 알리는 비가격신호는 이처럼 다양하다. 다양하기 때문에 비가격신호를 새롭게 만들고 자신의 업과 고객에 맞춰 이를 사용하는 것이 마케팅에서 아주 중요하다.

그렇다면 예술소비자가 알기 어려운 예술의 품질을 짐작케 하는 시그널에는 어떤 것이 있을까?

예술마케팅에서 시그널링

앞서 논의한 바와 같이 예술의 품질을 알기는 쉽지 않다. 특히 아마추어 소비자들이 예술품질 알기는 더 어렵다. 이런 이유로 예술소비자는 시그널로 품질, 즉 우수성을 짐작하려 하는데 대체 어떤 것이 마케팅효과가 클까?

제도화된 시그널

국립현대미술관에 대한 미술소비자들의 신뢰도 및 애호도는 월등히 높게 나온다. 국립현대미술관은 나라의 법으로 관리 운영되고 있어 중요한 예술제도다. 국립, 도립, 시립 등 법으로 품질을 보증하는 것이 예술제도다. 따라서 이런 제도를 통해 소비자들은 예술품질을 짐작하고 이런 예술기관에서 행하는 전시에 몰리는 것이다.

이름이 덜 알려진 작가나 새롭게 떠오르는 장르예술인 경우 소비자는 품질을 더 알기 어렵다. 따라서 이런 경우에 제도화된 유명 예술기관에서 전시할 기회를 갖는 것은 시그널효과가 매우 클 수 있다. 따라서 제도화된 예술기관의 전시나 공연기획이 한 나라 예술의 향방을 좌우할 수도 있다. 하지만 우리나라 유수의 예술기관에서도 시그널효과를 기획에 잘 반영하지 못하고 있다. 예를 들어 '예술의 전당'은 공연기획을 거의 모두 외부기관에 맡겨서 하기 때문에 사실그 역할을 제대로 한다고 보기 어렵다.

가격시그널

박수근(1914~65) 화백의 작품이 홍콩 소더비 경매에서 얼마에 낙찰되었다는 소식을 접한다. 이 소식을 접하고 나면 이전에 비해 그림이 달리 보이는 것을 우리는 느낀다. 이뿐만 아니라 해마다 열리는 아트페어에서 어느 작가의 작품이 호당 얼마에 팔렸다는 소식도 들리는데, 이 소식을 듣고 나면 작가가 달리 보인다. 이처럼 가격, 특히 시장 메커니즘이 살아 있는 시장에서 정해진 가격은 예술의 품질을 짐작하는데 결정적 시그널이 된다.

이는 공연예술에서도 마찬가지다. 베를린필하모니 내한 공연의 티켓값이 공연시장의 기록을 갈아치웠다는 뉴스를 접하면 공연이 확 달라 보인다. 연극, 뮤지컬 등 거의 모든 장르에 걸쳐 가격은 품질신호로 매우 중요하다는 뜻이다.

가격의 신호효과를 고려하면 가능한 높은 가격을 책정하

면 좋을 것 같지만 이는 한 면만 보는 것이다. 가격이 품질을 높게 인식하게 하겠지만 주머니 사정에 맞지 않는 예술소비자가 외면할 수 있기 때문이다. 따라서 신호효과를 생각하면서도 가격 때문에 예술소비자가 외면하지 않게 가격을 잘 책정해야 한다. 어떻게? 공연예술에서는 차등화를 많이 활용한다. A, B, C석 등으로 가격을 차등 책정한다. 이렇게 하면 공연품질은 A석 가격으로 받아들이고 예술소비자는 C석 가격으로 즐기게 된다.

아트페어에서도 같은 논리로 접근할 수 있다. 높은 가격대의 작품, 중간 가격대의 작품, 대중 가격대의 작품으로 작품믹스를 구성할 필요가 있다. 이렇게 구성하면 아트페어의 품위는 높은 가격대가 올리고, 판매는 중간이나 대중 가격대에서 많이 이루어지게 할 수 있다.

비가격 시그널

차이콥스키국제음악콩쿠르, 퀸엘리자베스콩쿠르, 쇼팽콩쿠르 등 세계 3대 음악경연에서 1, 2, 3등 상을 받았다는 뉴스를 듣곤 한다. 2015년 제17회 콩쿠르에서 조성진이 21살의 나이로 우승하여 세계적 피아니스트 반열에 오른 쾌거를 생생히 기억한다. 세계 3대 영화제인 칸에서 황금종려상을 수상하고 아카데미에서 작품상을 받은 봉준호 감독의 영화

〈기생충〉은 한국의 명작으로 거듭났다. 공연예술에서는 영국의 올리비에상, 미국의 토니상, 프랑스의 몰리에르상이 유명하다.

음악, 공연 그리고 영화뿐만 아니라 미술에서도 상award & prize은 중요하다. 협회나 단체, 혹은 기업에서 시상하는 경우가 미술에서 많다.[4] 문학에서도 노벨문학상을 비롯하여 이상문학상 등 상은 매우 다양하다.

이러한 경연이나 수상이 비가격신호의 대표적 시그널이다. 이것만이 아니다. 관람자 수, 대기하는 줄의 길이 등이 있고, 명성이 그중 가장 중요한 비가격신호에 속한다. 특히 예술에서 중요한 것은 그 분야의 개척자나 대가로서의 명성이다. 명성을 얻기는 쉽지 않지만 그 가치는 엄청나다. 유명하다는 소문이 퍼지면 거의 무조건 높은 품질로 인식해주기 때문이다.

지금까지 예술에서 활용할 수 있는 세 가지 시그널을 살펴보았다. 예술마케팅 담당자는 장르나 예술기관 포지션, 예술소비자의 수준 등을 고려하여 시그널을 선정하고 이를 잘 관리하면 지속적인 마케팅효과를 거둘 수 있을 것이다.

제9장 큐레이션

아무리 네이밍을 잘하고 시그널링을 잘해도 예술소비자가 이를 모르면 마케팅효과는 없다. 따라서 공연 소식이나 전시 소식을 예술소비자에게 알리는 것이 무엇보다 중요하다. 알리는 것을 일반 마케팅에서는 광고, 홍보, 판촉 등 IMC Integrated Marketing Communications라 한다. 굳이 번역하지 않고 실무에서 그냥 IMC로 쓴다.

예술마케팅에서 IMC에 해당하는 활동은 다르다. 예를 들어 전문가인 평론가나 예술전문기자가 공연이나 작품을 비판하고 추천하는 기사를 미디어에 올린다. 이처럼 전문적 식견으로 추천하기 때문에 예술마케팅에서는 예술소비자에게 알리는 작업을 IMC라 하지 않고 큐레이션^{curation}이라 한다.
큐레이션은 원래 미술관에서 사용하는 용어라 의아해할 것
이다. 그래서 그 의미부터 살펴보고 예술마케팅으로 큐레이
션을 논의하기로 한다.

큐레이션의 의미

큐레이션은 '보살피다'라는 뜻의 라틴어 큐라레^{curare}에서
유래한다. 또한 사회기반시설을 책임지고 관리하는, 즉 보살
피는 사람을 큐레이터^{curator}라 한다. 큐레이터는 주로 박물관
이나 미술관에 소속되어 일하는 사람들로 우리는 알고 있는
데 그 이유는 다음과 같다.

16, 17세기의 부유한 수집가들이 과학기기부터 고대유물,
조각 등을 모아둔 '호기심의 방^{Cabinets of curiosities}'의 컬렉션이
어마어마하게 많아지자 큐레이터가 출현한다. 이들은 수집
된 컬렉션을 정리·분류하는 작업을 주로 했다. 그러다가 박
물관이 출현하면서 그 역할이 확대된다.[1]

코튼^{Cotton}, 옥스퍼드 백작^{Earls of Oxford}, 한스 슬론 경^{Sir Hans}
^{Sloane} 세 명의 개인 수집가들이 모여 설립한 대영 박물관, '대
중을 위한'을 슬로건으로 내세운 파리의 루브르박물관 등이

생기자 단순히 정리·분류하는 것이 아니라 시대별로 학파별로 정리·분류하는, 즉 미술에 대한 전문성이 강조된다. 이후로 큐레이션은 '목적을 갖고 분류하는 작업 또는 이야기를 풀어내기 위해 배치하는 작업'을 일컫는 용어로 사용되기 시작한다.[2]

박물관에서 출발한 큐레이션은 독일의 보데^{Wilhelm von Bode}와 미국의 웰컴^{Henry Wellcome} 등에 의해 미술관에도 적용되기 시작한다. 후에 큐레이터인 바^{Alfred Barr}의 주도로 뉴욕현대미술관^{MoMA}이 설립되고, 율탄^{Pontus Hulten}이 큐레이터로서 새로운 형태의 기획전을 보여준 파리의 퐁피두센터가 문을 열면서, 큐레이션이 전시기획을 담당하는 미술관의 학예사 내지는 미술관 대표로 의미가 확장된다.

정리하자면 '보살피다'라는 의미를 갖는 큐레이션은 16~17세기에 등장하였고 박물관, 미술관 등이 설립되면서 큐레이터라는 직업이 나타났으며 이후 전문성이 강조된다. 점차 발전하여 큐레이션은 미술관의 컬렉션을 결정하고 전시기획을 하는 학예사 혹은 대표가 하는 역할로 확장된다. 이런 역사적 맥락에 따르면 "큐레이션은 전문성을 가지고 예술작품을 수집하고 분류하며 기획하는 활동"으로 정의할 수 있다.

공중관계: 홍보와 큐레이션

예술마케팅으로서의 큐레이션은 일반 마케팅에서 홍보 publicity에 해당한다. 홍보든 큐레이션이든 추구하는 바는 같다. 좋은 공중관계public relations를 만드는 것이다. 하지만 둘은 같은 점도 있고 다른 점도 있다.

홍보publicity는 기업이 자신을 신문기사나 방송프로그램을 통하여 이해관계자에게 알리는 것이라, 공중관계를 좋게 하는 것이 목적이다. 공중이란 주주, 소비자, 정부나 지자체 등 이해관계자를 말한다. 이들과 좋은 관계를 만들기 위해 관련 자료를 언론에 공개하고 이를 기사화하는 것을 홍보라 한다. 따라서 홍보와 공중관계(대개는 PR이라 표현)가 같은 것으로 받아들여진다.

큐레이션 또한 예술소비자란 공중과 좋은 관계를 만들려 하기 때문에, PR이란 측면에서 보면 예술의 홍보라 해도 될 것이다. 즉 큐레이션과 홍보는 공중관계를 좋게 하는 목적이란 점에서 같다.

하지만 둘은 다르기도 하다. 홍보는 해당 당사자가 돈을 내고 하는, 홍보자 주도적인 행위다. 하지만 큐레이션은 객관적인 제삼자가 추천하는 것이다. 여기서 객관적이란 전문가가 돈을 받지 않고 해당 분야의 전문성을 바탕으로 비평

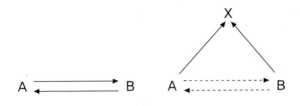

하고 추천하는 행위를 말한다. 따라서 객관적 전문가가 내용을 쓰고 이것이 신문이나 방송의 콘텐츠가 되고 이를 통해 공중관계가 형성되는 것이다.

정리하면 큐레이션은 제삼자로서 전문적인 안목으로 소비자가 이해하기 쉽게 정리하고 평가하여 선택에 도움을 주는 행위다.

요즘은 여행지, 맛집, 카페, 숙박시설, 휴양지, 반려동물 케어, 병원, 건강, 음식 레시피 등등 우리 생활 전 영역에 걸쳐 전문가의 설명, 실연, 추천 등이 이루어지고 있다. 한마디로 큐레이션의 시대라 해도 지나침이 없다.

이런 이유로 큐레이션의 마케팅효과는 갈수록 커지고 있다. 그 결과 일반 마케팅에서도 홍보의 방식이 큐레이션으로 전환되고 있다. 그림은 A와 B간의 직접적인 알림인 홍보 방식이, X(큐레이터)를 매개로 하는 간접적 방식으로 전환되고 있음을 보여준다.

큐레이션의 중요성

왜 이런 전환이 일어날까? 우리는 지금 콘텐츠 과잉 시대에 살아가고 있다. 그래서 TMI^{Too Much Information} 시대라 한다. 어떤 콘텐츠를 선택할까, 어떤 정보를 믿을까? 매 순간 망설인다. 특히 예술작품은 일반제품처럼 표준화되어 있지 않아 경험 이후에야 비로소 품질을 알 수 있는 경우가 일반적이다. 그래서 무엇을 선택해야 할지 결정하지 못하는, 즉 결정장애에 시달리는데 이를 햄릿 증후군^{Hamlet syndrome}이라 한다.

선택할 수 있는 대안이 많을 경우 사람들은 다양성을 포기하는 의사결정을 하게 된다. 이를 선택의 모순^{paradox of choice}이라 한다.[3] 예술장르는 아니지만 잼^{jam}을 대상으로 한 실험이 있다. 여섯 종류의 잼을 진열했을 때와 스물네 종류의 잼을 진열했을 때, 스물네 종류가 있는 진열대에 사람들이 붐비기는 하지만 결국 여섯 종류의 잼이 있는 진열대에서의 구매율이 10배, 재구매율은 15배 높게 나왔다.[4]

콘텐츠 과잉의 시대에 결정에 어려움을 겪는 햄릿들이 타인이 제안한 선택 대안을 신뢰하는 현상이 나타나게 되자 큐레이션이 중요한 마케팅으로 등장하게 된다. 마케팅으로서 큐레이션은 이용자의 욕구와 취향에 맞게 가치 있는 콘텐츠를 제공하기 위해 방대한 콘텐츠를 수집, 분류하고 새롭게 구성하여 이해와 판단을 돕는 활동이다.

예술홍보로서의 큐레이션

예술홍보에 기존의 홍보방식을 그대로 쓸 수는 없다. 이유는 예술의 희소성과 전문성 때문이다. 전문성을 갖춘 제삼자가 비판하고 평가하며 추천하는 것이 예술홍보로서의 큐레이션이다. 어떤 유형의 큐레이션이 있을까?

알고리즘 큐레이션과 휴먼 큐레이션

기술에 따라 알고리즘 큐레이션과 휴먼 큐레이션으로 나뉜다. 인공지능과 빅데이터 시대가 열리면서 콘텐츠 산업뿐만 아니라 모든 영역에서 이런 기술을 활용한 큐레이션이 등장하였는데 이를 알고리즘 큐레이션algorithm curation이라 한다.

아마존에서 책을 사면 유사한 주제의 책을 자동으로 추천하는 것이 알고리즘 큐레이션이다. 심지어 교육에서도 큐레이션이 도입되고 있다. 어떤 수학 문제는 풀 수 있지만 어떤 문제는 풀지 못하면 그 학생의 취약점을 파악하여 새로운 문제를 인공지능이 제안하는 식으로 수학교육이 이루어지는 것이다.

한편 서점에서도 큐레이션이 이루어지고 있다. 너무나 많은 책 중에서 특별한 가치를 갖는 책을 골라 매장을 구성하고, 책 표지에 스티커로 감상문을 간단히 붙여놓거나 저자와

의 대화 시간을 마련한다. 이렇게 사람이 하는 큐레이션을
휴먼 큐레이션^{human curation}이라 한다.

우리가 옷을 고를 때나 무엇을 살 때 매장 직원이 추천하
는 것도 이에 속한다. 레스토랑에서도 마찬가지다. 메뉴판에
빨간색으로 시그니처 메뉴를 표시하고 있다. 이처럼 휴먼 큐
레이션은 일상화되어 있지만 그냥 추천 정도로 생각했지 이
를 마케팅으로 생각하지는 않았다가 알고리즘 큐레이션이
등장하면서 주목을 받게 되었다.

예술에서 큐레이션은 두 방식으로 이루어질 수 있다. 만
약 특정 예술소비자의 취향이나 예술소비 자료가 수집되어
있다면, 그에 해당하는 예술작품을 자동으로 추천하는 시스
템을 도입하는 알고리즘 큐레이션이 가능하다. 그렇지 못하
면 일반 대중을 향한 휴먼 큐레이션이 어필한다. 소셜미디어
나 매스미디어에 전문가의 평가나 소비자의 감상 후기를 올
리는 것이 휴먼 큐레이션이다.

디오니소스적 큐레이션과 아폴론적 큐레이션

이는 큐레이션의 방식에 따라 나눈 것이다. 스토리텔링
형으로 재미를 주고 이해를 쉽게 하는 방식으로 이루어지는
것이 디오니소스적 큐레이션이고, 학술적이고 이론적이며
논리적인 것이 아폴론적 큐레이션이다. 전자는 예술소비자

중심으로 소프트하게 하는 것이고 후자는 큐레이터의 전문성을 중심으로 하드하게 이루어지는 큐레이션이다.

어떤 큐레이션이 마케팅효과가 큰지는 한마디로 말할 수가 없다. 예술장르와 예술소비자의 예술문해력에 달렸기 때문이다. 일반화하기는 연구가 부족하지만 대체로 이런 가이드라인을 제안할 수 있다.

예술문해력art literacy이 높은 예술소비자인 경우 아폴론적 큐레이션이 어필할 것이고 반대로 낮은 경우 디오니소스적 큐레이션이 어필할 것이다. 쉽게 말해 특정 분야의 예술 지식이 높은 사람에게는 논리적·이론적·사유적인 큐레이션을 하면 마케팅효과가 크다는 말이다.

또한 예술장르에 따라 다르다. 미술의 경우 모든 작품이 다르다. 심지어 같은 작가의 작품이라도 시대에 따라 판이하게 다르다. 따라서 모든 작품이 다르다고 해도 과언이 아니다. 이런 경우 작품 하나하나를 따라가면서 큐레이션을 할수는 없다. 그래서 해당 작가나 어떤 시대를 관통하는 코드를 찾아내고 이를 큐레이션해야 하기 때문에 아폴론적 큐레이션이 더 효과적이다.

이에 반해 음악은 작품이 정해져 있고 이를 연주자나 공연자에 따라 달리 해석하기 때문에 좀 더 소프트한 디오니소스적 큐레이션의 마케팅효과가 클 수 있다. 연주자의 경

력, 고생 그리고 시대의 아픔 등을 이야기하듯 풀어내는 스
토리텔링이 좋을 것이다.

평론 큐레이션과 미장센 큐레이션

이는 큐레이션 내용에 따른 분류다. 예술작품이 그려내고
있는 주제를 중심으로 하는 것이 평론 큐레이션이고, 표현하
는 방식을 중심으로 하는 것이 미장센 큐레이션이다. 이렇게
비교할 수도 있다. 전자는 주제 중심이고 후자는 디테일 중
심이다.

먼저 평론 큐레이션이다. 이는 문학평론, 예술평론, 영화
평론 등 문화예술 분야에서 전문소양을 갖춘 사람이 해당
작품의 콘텐츠를 비판·검토하고 이를 독자에게 제공하는
행위를 말한다. 평론critique, review은 질 낮은 콘텐츠를 걸러주기
도 하고 어려운 콘텐츠를 이해하는 데 도움을 주기도 한다.
한편으로 예술소비자가 작품을 해석하는 길을 안내하여 종
속되게 하는 문제도 있다.

따라서 해당 콘텐츠 평론을 맡은 사람은 가능하면 예술소
비자를 가르치려 들면 곤란하다. 그냥 담담히 전문가의 안
목으로 작품을 분류하고 어떤 점이 예술적 공헌인지 말하고
이해가 어려운 부분에 설명을 추가하는 것이 좋다. 평론 큐
레이션은 작품의 해석에서 함축의미가 중요한 미술이나 사

진 등의 전시예술에서 주로 많이 사용되고 예술영화나 독립영화에서도 마케팅효과가 클 수 있다.

다음은 미장센 큐레이션이다. 미장센$^{mise\ en\ scène}$은 프랑스어로 연출. 즉 '무대에 배치한다'라는 뜻이다. 연극을 공연할 때 희곡에는 등장인물의 동작이나 무대장치, 조명 등에 관한 지시를 세부적으로 명시하지 않으므로 연출자가 연극의 서사를 효과적으로 전달하기 위해 무대 위에 있는 모든 시각 대상을 배열하고 조직하는 연출 기법을 말한다. 미장센 큐레이션을 하게 되면 예술소비자는 공연작품의 미세한 부분을 눈여겨보게 되고 그 결과 감상의 효과가 클 수 있다. 예술소비자는 디테일한 부분을 통해 작품 전체를 해석하기 때문이다.

연극에서 사용하던 미장센이 영화, 무용 그리고 뮤지컬 등 공연예술 일반에서도 쓰이고 있다. 따라서 미장센 큐레이션은 연극, 오페라, 무용 등 공연예술과 종합예술인 영화에서 마케팅효과가 크다. 이뿐만 아니라 체험을 전제로 하는 문화콘텐츠도 미장센에 속한다. 예를 들어 요리전문가가 나와서 독특한 양념을 사용하는 것으로도 음식 맛은 좋아진다. 관광가이드의 설명도 미장센 큐레이션에 해당한다. 전체를 설명하기보다 디테일한 부분을 소개하면 관광지 전체에 대한 평가가 매우 좋아질 수 있다.

제4부

•

경험중 예술마케팅

예술경험에서 마케팅효과가 큰 예술마케팅을 논의할 차례다. 전시예술과 공연예술은 나름의 특성을 지니고 있어 일반화된 경험중 예술마케팅을 제안하긴 쉽지 않다. 그래서 생각한 것이 전시와 공연의 경험중 공통적으로 쓰일 수 있는 예술마케팅과 각각에 맞는 예술마케팅을 구분하기로 하였다. 공통으로 쓸 수 있는 것은 정동화affecting로, 전시예술경험에 적합한 것은 응시화gazing로, 공연예술경험에 적합한 것은 경청listening으로 묶어 정리한다. 먼저 정동화부터 논의한다.

제10장 정동화

우리가 서비스를 소비자에게 제공할 때 가장 신경 쓰는 것이 고객만족이다. 그래서 서비스제공이 잘 되었는지 확인하기 위해 고객만족도를 조사한다. 만족도가 낮은 경우 어디에서 문제(이를 갭^{gap}이라 한다)가 있는지 찾아내 개선하기 위해 서비스 이후에 해피콜을 하게 되는 것이다. 크게 보면 예술도 서비스의 일종이라 고객만족도를 조사하고 갭이 있는 경우 이를 개선하는 방안을 마련해야 한다. 실제로 국공립 예술기관들은 연말 경영평가를 받기 위해 고객만족도를 조사한다.

하지만 예술서비스는 경험소비라 일반서비스와는 다르다. 그래서 고객만족도는 적합하지 않다. 대신 정동을 조사하고 평가하는 것이 타당하다. 이렇게 말하면 '대체 정동affect이 뭐야?' 하는 반응을 보일 것이다. 생소한 정동부터 이해하고 나서 예술경험에서 정동을 높이는 방안을 논의하기로 한다.

정동 이해

정동情動은 글자 그대로 정서적·정신적 울림이다. 울림은 다양할 수 있는데, 첫 데이트에서 마음에 드는 상대를 만났을 때 흔들림이나 설렘, 파도치는 바다를 보면서 느끼는 자연미에 대한 경탄, 천재의 작품을 보면서 느끼는 미적 감탄 등이 모두 정동에 해당한다. 이렇게 보면 정동은 무미건조한 우리의 반복된 일상에서도 우리를 지치지 않게 하는 힘을 갖는다. 생활은 '생生'과 '활活'로 구성된다. 활이 없는 생은 반쪽짜리 인생인데, 생에 활력을 불러일으켜 갖춰진 인생이 되게 하는 것이 정동이다.

이처럼 중요한 정동은 복합감정이라 한마디로 규정할 수 없다. 정신적인 면이 있고, 감정적인 면이 있으며, 감각적인 면도 있다. 향이 좋은 커피를 마실 때는 감각적 정동이, 고전을 읽으면서 깨우침을 얻는 것은 정신적 정동이, 선율이 가슴에 와닿는 음악을 들을 때는 감정적 정동이 다가온다. 복합감정인 정동을 분명히 하려 우리가 일상적으로 쓰고 있는 만족과 비교한다.

정동은 마침이 아니다

만족은 '만족한다, 하지 않는다'와 같이 마침표로 끝나지만 정동은 마침이 아니라 열림이다. 이 열림을 기호로 표현하면 '!?'이 된다.[1] 감탄하면서 의문하고 의문하면서 감탄하는 것을 표현한 것이다. 여기서 의문이란 삶을 돌아보는 사유 행위를 말한다. 단순히 감탄하고 감격하는 선에서 끝나는 것은 얕은 정동이다. 마음에서 금방 사라진다. 의문하고 질문하는 인지적 반응이 수반될 때 깊은 감탄은 가능해지고 이런 경우 비로소 진정한 정동이 생성되는 것이다.

!?

우리는 감탄하고 즐거워하는 얕은 감정을 정동으로 여겨왔다. 의문하기가 수반되지 않은 얕은 정동은 게임이나 스포츠를 즐길 때도 느낄 수 있어 예술소비를 설명하기에 적합하지 않다. 예술소비에서 느끼는 진정한 정동은 게임이나 스

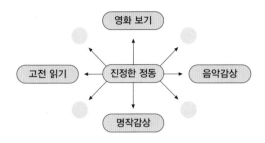

포츠 즐김 이상이다. 오래 기억되고 나의 삶에 자양분이 되는 정서적·정신적 울림인 것이다. 느낌과 의문이 있는 진정한 정동은 예술경험에서만 있는 것은 아니다. 그림에서 보는 것처럼 고전을 읽거나 좋은 영화를 볼 때도 생성된다.

정동이론

다소 어렵지만 정동에 대한 논의를 학문적으로 정리한 것이 정동이론이다. 그레그$^{Melissa\ Gregg}$와 시그위스$^{Gregory\ J.\ Seigworth}$ 두 교수가 편집한 『정동이론』에 나오는 핵심을 간단히 정리한다.[2]

첫째, 정동은 마주침이다. 정동은 마주침$^{in-between-ness}$에서 나타나는 복합감정이다. 마주침은 다양하다. 태어나 엄마 곁에 누워있는 아이와 아빠의 첫 만남, 분양받은 아파트에 첫

입주, 첫 데이트, 세계1위 바리스타가 일하는 작은 카페에서 커피 마시기, 내가 좋아하는 아티스트의 내한공연을 관람하기, 외국 여행에서 가고 싶은 미술관에 들르는 것 등이 마주침이다.

둘째, 정동은 힘의 이행이다. 모든 마주침에 정동이 있는 것이 아니라 뚜렷한 개념이 있는 마주침에서 정동은 생성된다. 뚜렷한 개념은 힘이다. 첫 아이, 세계 1위 바리스타, 좋아하는 아티스트, 가보고 싶은 미술관 등이 모두 나에게 힘을 갖는 개념이다. 따라서 힘의 마주침에서 정동이란 복합감정은 생성된다. 그 힘은 대상에서 나오는 것도 있지만 나에게서 시작한다. 따라서 정동의 중심은 나다. 내가 좋아하고 다가가려 하는 것을 힘의 이행이라 한다. 정동은 이미 내 마음속에 있음을 말한다.

셋째, 정동은 수동성과 능동성이다. 즉 정동되기도 하고 정동하기도 한다. 정동되기는 대상에 의해, 정동하기는 주체에 의해 이루어진다. 마주침의 대상이 의미 있는 경우 그 대상에 의해 주체는 정동될 수 있고, 어떤 주체가 추구하는 것이 정동을 생성시킬 수도 있다는 것이다.

넷째, 정동은 곁에 머무름에 주목한다. 정동은 마주침에서 생성되기 때문에 마주침이 종료되면 사라지는 것처럼 보이지만 또 다른 마주침 사이에 머문다. 정동은 나도 모르게 내

곁에 머물고 있다. 그래서 쾌락과는 사뭇 다르다. 쾌락은 사라지지만 정동은 사라진 것 같지만 곁에 머무르고 있다.

다섯째, 정동의 반응은 다양하다. 긍정적 반응인 경우도 있고 부정적 반응인 경우도 있는데 두 반응을 표현하는 용어가 대조된다. 긍정적 반응은 결착, 묶임, 되어감, 화음이라 하고 그 반대인 부정적 반응은 단절, 떨어짐, 되어가지 못함, 불협화음 등으로 표현한다.

끝으로 정동은 정동 이후에 주목한다. 마주침에서 정동이 생기면 그다음부터가 퍽 흥미롭다. 한 측면은 대상과의 관계에서 다른 한 측면은 자기와의 관계에서 정동 이후의 변화가 나타난다. 정동 이후에 공감·동화·모방과 같은 대상에 대한 존중감이 생성되기도 하고, 행복감·즐거움·안정감과 같은 자기에 대한 긍정적인 감정이 생성되기도 한다.

예술소비에서 정동화1: 경험캐스케이드

예술소비에서 정동을 높이는 아이디어인 정동화affecting는 마주침에서 시작한다. 예술소비의 마주침은 두 가지로 나눌 수 있는데 '순서'와 '방식'이다. '예술소비에서 정동화1'에서 순서에 따른 정동화 아이디어를 제안한다. 이를 위해 먼저 경험캐스케이드를 이해해야 한다.

예술소비의 경험캐스케이드 이해

서비스에서 고객만족을 결정하는 순간을 '진실의 순간 MOT^{Moment Of Truth}'이라 하는데, 고객을 만족시키는 중요한 순간이란 의미다. 예술소비에서는 정동이 생길 수 있는 마주침은 '정동의 순간MOA^{Moment Of Affect}'이라 한다. 이는 하나만 있는 것이 아니라 연결된 다양한 흐름이 있어 경험캐스케이드^{experience cascade}라 한다.

미술관에 온 관람객의 경험캐스케이를 생각해보자. 지하철에서 내려 안내 표지를 따라 미술관으로 간다. 미술관에 도착하여 티켓을 구입하고 함께 보기로 한 친구를 기다린다. 친구가 와서 함께 도슨트 서비스를 받으며 제1관, 제2관, 제3관 동선에 따라 작품을 감상한다. 다 보고 나니 피곤하여 친구와 카페에 앉아 방금 본 작품과 작가에 대한 느낌을 얘기한다. 아래는 경험캐스케이드를 그림으로 표현한 것인데, 순서는 화살표로 표시하였고 위에서 아래로 단계가 있다.

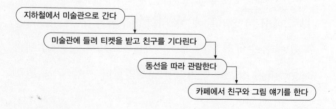

물론 모든 예술소비자가 이런 경험캐스케이드를 따르는 것은 아니다. 자동차로 직접 미술관에 올 수 있고, 혼자 올 수도 있으며, 단체로 올 수 있으며, 관심 있는 전시만 골라서 볼 수도 있을 것이고, 관람 후 집으로 바로 갈 수도 있을 것이다. 따라서 전시 관람에서 정동을 논의하려면 예술소비자의 경험캐스케이드를 그리는 것에서 시작해야 한다.

경험캐스케이드에 따른 정동화

경험캐스케이드에 따른 정동화는 단계적으로 접근할 수 있다. 먼저 생각할 것이 경험캐스케이드에서 정동에 가장 중요한 MOA를 알아내는 것이다. 다음은 가장 중요한 MOA에서 정동을 높이는 아이디어를 내는 것이다. 예를 들어 전시에서 가장 중요한 MOA가 휴식일 수도 있고 도슨트 서비스일 수도 있다. 세 번째는 자기 예술기관에서 정동에 가장 불리한 MOA가 뭔지 점검해야 한다. 예술소비자가 좋은 정동과 나쁜 정동을 합하여 정동하는 것이 아니라 나쁜 정동이 전체 정동을 좌우하기 때문이다. 하나의 영양소 부족이 유기체의 전체 건강을 결정한다는 리비히의 최소율의 법칙이 작용된다는 것이다. 끝으로 잘하는 예술기관을 벤치마킹할 경우 MOA별로 구체적인 아이디어를 배울 것을 제안한다. 전체로 뭉뚱그려 벤치마킹하지 말라는 것이다.

예술소비에서 정동화2: 마주침의 방식

앞에서 논의한 정동화 아이디어(정동화1)는 경험의 순서인 경험캐스케이드에 따른 것이고 이제는 마주침의 '방식'에 주목하여 아이디어를 낸다. 먼저 마주침의 방식을 이해하도록 한다.

마주침의 방식

서비스에서 마주침은 세 유형으로 나눈다. 원격 마주침 remote encounter, 물리적 마주침physical encounter, 대면 마주침face-to-face encounter이다. 코로나19로 유명해진 마주침이 원격 마주침인데, 이는 정보통신기술을 통한 마주침을 말한다. 홈페이지를 잘 구성하는 것, 인터넷으로 공연이나 전시를 볼 수 있게 하는 것 등이 원격 마주침에 속한다.

물리적 마주침은 미술관이나 공연장의 시설이다. 예술기관 입구의 정원이나 초목, 로비에 들어오는 문, 화장실, 조명, 휴게 공간, 엘리베이터, 계단, 주차장 등이 물리적 마주침에 해당한다. 물리적 마주침에서 예술기관의 넓이와 높이가 중요할 수 있고 예술관 전체의 공간설계도 정동에 매우 중요하다.

가장 중요한 것이 대면 마주침이다. 전시나 공연에 무슨 대면이 있는가? 하고 의아해할 수 있지만 작가, 배우, 뮤지션, 도슨트, 매표원이나 보안 스태프 등 사람은 많다. 예술소비자가 사람이므로 사람과의 만남이 그 무엇보다 중요하다. 특히 예술소비자와 만나는 스태프는 정신노동과 감정노동 emotional labor을 겸하는 업무를 수행해야 하기 때문에 선발·교육·보상에 유념해야 한다. 예술기관에 근무하는 스태프로서 해당 예술에 대한 전문성을 갖춰야 하고 예술소비자를 배려하는 마음을 가져야 한다. 감정노동은 미소를 짓고, 눈을 마주치고, 진실한 관심을 보이고, 다시는 못 만나게 될지도 모르는 낯선 사람과 친절하게 대화를 나누는 것을 말한다.[3]

마주침의 방식에 따른 정동화

세 가지 방식의 마주침이 있다. 각 방식에 따라 정동화 아이디어는 달라지는데 간단히 예를 든다.

첫째로 원격 마주침의 정동화다. 단순한 홈페이지가 아닌 지금까지 미술관에서 기획·전시한 전시물을 보여주고 설명하는, 좋은 콘텐츠가 필요하다. 물론 전시 저작권 문제가 있을 것이다. 전시 기간에만 그림을 전시할 수 있는 것이 전시저작권인데, 이 또한 유연하게 대처할 수 있다. 전시된 작품의 전부가 아닌 일부라도 교섭하여 전시 후 2~3년간은 원격소개할 수 있게 옵션을 거는 것도 생각할 수 있다.

둘째로 물리적 마주침의 정동화다. 물리적 마주침이 요즘 들어 특히 중요해지고 있는데, 그 이유는 인스타그래머빌리티instagrammability 때문이다. 이는 인스타그램에 사진을 올릴만한 가치가 있는지의 여부를 말한다. 『여행의 미래—밀레니얼의 여행은 어떻게 달라질 것인가?』란 책에 따르면 18~33세 응답자의 40퍼센트가 여행 목적지를 고를 때 인스타그램에 사진을 올릴 가치가 있는지의 여부가 중요하다고 답한다.[4]

예술기관의 물리적 마주침의 중심에 공간설계가 있다. 원주 오크밸리에 위치한 뮤지엄 산은 자연경관과 불교적 헤리티지를 살려 공간을 설계하여 뛰어난 물리적 마주침을 구성하고 있다. 뮤지엄 산은 미술관과 입구 사이를 해인사나 통도사의 일주문에서 대웅전에 이르는 콘셉트로 설계하여, 물을 건너고 다리를 건너 미술관에 이르게 한다. 또한 산과 하늘이 만나는 곳의 아우라를 살리는 설계도 정동화에 매우 중요한 아이디어다.

끝으로 대면 마주침의 정동화다. 대면 마주침의 핵심은 미술관이나 공연장의 스태프다. 이들은 정신노동과 감정노동을 겸해야 하기 때문에 잘 뽑아야 하는 것이 대면 마주침의 시작이고, 이들을 잘 교육하고 적절히 보상하는 스태프 관리가 완결이다. 예술기관의 스태프는 박봉이고 임시직인

©Museum_SAN

경우가 대부분이라, 대면 마주침이 가장 취약할 수밖에 없다. 따라서 이들을 만족시킬 방안을 마련해야 한다. 적절한 대우와 보상 및 서비스 교육이 필수적이지만 이것이 이들 관리의 전부가 아니다. 이들이 무엇을 원하는지 알아내 지원하는 서비스가 필요한데 이를 내부마케팅internal marketing이라 한다.[5] 내부마케팅으로 스태프를 잘 관리할 때 비로소 예술 소비자의 정동은 꽃을 피울 수 있을 것이다.

제11장 응시화

    응시화는 예술소비자의 시선을 사로잡는 예술마케팅이다. 인간의 감각은 시각^{vision}, 청각^{audition}, 후각^{olfaction}, 미각^{taste}, 촉각^{haptics}으로 구성되는데, 이들 오감의 중심에 시각이 있다. 감각신경 중 약 55퍼센트가 시각세포로 되어 있다고 한다. 눈은 얼굴의 중심에 그것도 맨 위에 위치한다. 따라서 응시로 예술마케팅을 논의하는 것은 필수다. 특히 전시예술에서 그렇다. 먼저 전시예술에서 시각이 갖는 의미부터 논의한다.

전시예술에서 시각의 의미

시각은 전시예술, 영화, 사진 등에서 중요하다. 물론 공연예술, 특히 뮤지컬에서도 전시예술 못지않게 시각이 중요할 수 있지만 여기서는 전시예술에 맞추어 시각의 의미를 논의한다. 전시^{exhibition}는 모아서 보여주는 행위다. 반면에 예술소비자는 이를 관람한다. 관람은 보는 행위다. 이처럼 전시예술에서 시각은 '봄'과 '보임'이란 두 면을 갖는다.

봄과 보임은 상호 밀접한 관련을 갖는데, 보임을 어떻게 구성하는지가 봄을 유도할 수 있고, 어떤 것을 볼지, 즉 봄을 생각하여 보임을 구성할 수도 있다. 일반 마케팅에서는 봄에 맞추어 보임을 구성할 것을 말하지만, 전시예술에서는 보임이 봄을 주도한다. '어떻게 보임을 구성하면 봄을 유도할 수 있을까?'를 생각하는 것이 바로 응시화^{gazing}이다. 그렇다면 응시란 무엇인가?

응시 이해

응시는 보기의 하나다. 보기에는 응시^{gaze}, 일견^{glance}, 흘끗 보기^{glimpse}, 감시^{scan} 등이 있다.[1] 응시는 읽는 보기, 즉 텍스트를 읽듯이 생각하면서 보는 시각적 행위이고, 일견은 전체를 한눈에 판단하는 보기다. 흘끗 보기는 지나치면서 그냥 시선

주기인데, 흘끗 보기와 일견이 헷갈릴 수 있다. 앞은 움직임이 있는 보기이고 일견은 정적인 보기로 차이가 난다. 어떤 책의 목차만 쭉 훑어보고 어떤 내용인지 짐작하는 것은 일견이고 차를 타고 지나가면서 경치에 시선을 주는 것은 흘끗 보기다.

처벌로서의 보기가 감시다. 프랑스 철학자 푸코^{Michel} ^{Foucault}(1926~84)는 『감시와 처벌』이란 책에서 감시를 처벌의 수단이라고 한다.[2] 예전에는 죄를 지면 신체의 일부를 절단하는 처벌을 하였으나 현대에 접어들면서 감옥에 가두고 감시하는 것이 처벌이 되었다. 그는 가장 효율적인 감시로 벤담이 제안한 '파놉티콘^{panopticon}'이란 용어를 사용한다. 감시자는 보이지 않지만 감시당하는 것을 말한다. 오웰^{George} ^{Orwell}(1903~50)은 『1984년』이란 소설에서 감시를 정치 수단으로 이용하는 전체주의, 파시즘, 공산주의를 비판하고 있다.

이러한 보기의 중심에 응시가 있다. 응시의 중요성을 책 읽기로 간단히 예시한다. 읽기는 얕은 읽기와 깊은 읽기로 나눌 수 있는데 응시는 깊은 읽기에 해당한다. 또 디지털 읽기와 종이 책 읽기를 비교하면, 디지털 읽기는 흘끗 보기로 얕은 읽기 회로가 작동된다. 반면에 종이 책 읽기는 깊은 읽기 회로가 작동한다. 얕은 읽기 회로와 깊은 읽기 회로는 충돌하여 디지털 읽기만 계속하면 깊은 읽기인 응시는 억제된다. 그 결과 응시의 결과물인 비판적 사고와 반성, 공감과 이해 등은 사라지고 대신 '좋아요'만 남는 문제가 발생한다.[3] 이처럼 응시는 비판적 사고와 반성, 공감으로 대상을 이해하는 깊은 읽기다.

응시는 쉽지 않다

응시는 시각적 문해력visual literacy과 밀접한 관련이 있다. 리터러시는 문해력이다. 시각적 문해력은 이미지를 분석하거나 해석하고 평가하여 적절히 효과적으로 사용하는 능력을 말한다. 쉽게 말해 이미지를 읽어내고 해석하는 능력이다. 시각적 문해력이 낮은 사람은 아무리 응시하려 해도 뭐가 뭔지 몰라 사람들이 많이 서 있는 작품이나 매스컴에 많이 오르내리는 작품 앞에 잠깐 서서보고 다른 곳으로 간다. 그 결과 작품을 보고서도 느끼는 것은 없고 이로 인해 미술관으로 발걸음을 떼지 않는다.

이외에도 응시는 동반자의 수준과 시간 여유와도 관련된다. 함께 온 동반자가 관심 없어 하면 혼자서 작품을 응시하기는 사실 쉽지 않다. 그렇다고 일일이 설명하는 것도 타인에게 피해를 줄 수 있다. 시간 여유도 중요한데 주중 직장을 마치고 늦은 시간에 관람하는 경우 시간에 쫓겨 제대로 응시하기 어렵다.

응시를 어렵게 하는 요인은 이렇게 다양하다. 이러한 요인을 극복하는 아이디어를 내는 것이 응시화다. 어떤 아이디어가 있을까? 시각적 문해력을 높이려면 홍보나 안내 등을 통해 사전지식을 높여야 하고, 동반자 문제를 낮추려면 유사한 관심사를 갖는 사람들끼리 묶어주고, 시간이나 마음의 여유를 갖게 하려면 전시 기간이나 시간을 잘 조정해야 할 것이다. 하지만 이러한 방안은 예술소비자와 관련된 것이라 실행이 쉽지 않다. 그래서 예술기관에서 할 수 있는 두 가지 방안인 도슨트와 전시의 복합화를 응시화로 제안한다.

전시예술에서 응시화

도슨트로 응시화

도슨트docent는 관람객에게 미술관·박물관에 전시 중인 작품이나 소장품을 해설해주는 지식을 갖춘 안내인을 말한다. 요즈음은 도슨트 프로그램이란 표현으로 쓰이는데, 이는 도슨트라는 사람이 아니라 이를 대신하여 설명하는 기기도 있기 때문이다. 앞으로는 관람자의 수준에 맞게 인공지능이 설명하고 안내하는 AI 도슨트 시대가 올 것으로 본다. 따라서 도슨트 대신 도슨트 서비스 혹은 프로그램이라 표현하는 것이 좋을 것이다.

원래 '도슨트'라는 단어는 '가르치다'라는 뜻의 라틴어 'docere'에서 유래한다. 가르치는 방법은 공식적, 비공식적으로 나눌 수 있는데 도슨트는 비공식적 가르침에 가깝다. 하지만 지금은 전시예술뿐만 아니라 마을 도슨트, 자연 도슨트 등 그 영역이 늘어나 일반 용어가 되었다. 따라서 도슨트란 전문 지식이나 식견을 가지고 관람객의 경험을 도와주는 사람이나 기기, 인공지능 등으로 정의할 수 있다.

여기서는 사람이 하는 도슨트로 작품에 대한 응시를 높이는 방안을 논의한다. 도슨트의 해설 방식과 창의성이 응시를 높일 수 있다. 해설 방식에 따라 관람자의 작품 감상 효과가 다른데, 두 가지 방식으로 해설할 수 있다. 작품 자체의 미적인 가치를 설명하는 심미적 읽기aesthetic reading 방식과 작품이 어느 시기에 어떤 배경에서 나왔으며 어느 미술관에서 소장하고 가격은 얼마인지를 설명하는 정보적 읽기efferent reading 방식이다.

심미적 읽기는 도슨트가 스스로 관람자가 되어 작품 감상 및 비평을 해보는 것을 전제로 관람객을 상대해야 하며 관람객이 작품을 보면서 자기 삶의 맥락과 상호작용하여 작품을 의미화하고 그로 인해 심미적 반응을 경험할 수 있도록 유도하는 것이다. 반면 정보적 읽기는 작품 속 아이디어나 정보에 관심을 두고 작품을 분석하는 읽기 방식이다.

어느 방법이 더 효과적인지 말하기는 쉽지 않은데, 해설의 대상과 관람자의 예술문해력에 따라 다르기 때문이다. 박물관이나 자연 도슨트인 경우는 정보적 읽기가 더 효과적이겠지만 미술 관람인 경우는 심미적 읽기가 더 효과적인 것으로 보고된다.[4]

도슨트의 두 가지 해설 방식으로 응시화를 논의했지만 이는 어디까지나 이론이고 상황 적합성이 더 중요하다. 심미적, 정보적 형식에 맞춘 도슨트는 경직될 수 있기 때문이다. 시선, 목소리, 따뜻한 마음, 그리고 적절한 질문 등을 상황에 맞게 적절히 구사하는 창의적 도슨트가 응시화에 더 중요하다.

전시의 복합화로 응시화

제주 성산 일출봉 근방의 수산이란 곳에 있는 '빛의 벙커'는 오감을 끌어당겨 응시하게 하는 전시의 전형이다. 우선 전시공간부터가 헤리티지가 있다. 전쟁이 났을 때 외국과 통신을 할 수 있게 만든 통신 벙커가 필요 없게 되자 그 공간을 활용한 것이다. 산을 파고 들어간 지하 벙커다. 시멘트 기둥과 벽면을 거의 그대로 디스플레이 화면이 되도록 한다.

처음 들어가면 비디오아트의 느낌이 들 정도로 전체 공간에 그림이 비친다. 그리고 각 작품에 맞는 음악이 은은하게 들려오고 작가가 살아온 고향마을의 영상이 벽면에 비쳐지면 관람자와 작가는 한 동네 이웃이 된다.

한편 너무 일반적인 굿즈를 판매하고 있어 응시회에 별다른 도움이 되지는 못하지만 출구에 굿즈를 판매하는 매장이 있고, 바깥으로 나오면 커피 박물관에서 향 좋은 커피를 경치를 보면서 즐길 수 있게 되어 있다. 카페에서 방금 본 그림을 생각하는 것도 응시화의 하나다.

이렇게 '빛의 벙커'를 서술하는 이유는 전시예술의 새로운 지평을 열어주기 때문이다. 보여주기 위주의 단순한 전시로는 응시화가 어렵다. 어떤 방식으로든 전시를 복합화해야 응시화가 가능하다.

제12장 경청화

경청화, 생소한 개념이다. 공연예술에서 예술소비자가 예술경험을 잘 할 수 있게 도움을 주는 활동을 말한다. 그냥 공연예술의 경험중 마케팅으로 이해하면 될 것이다.

공연은 아티스트와 예술소비가 간의 소통이라 마음을 울리는 소통을 하지 못하면 실패할 수 있다. 따라서 공연을 경청할 수 있게 유도하는 경청화listening는 공연예술 성공의 핵심이다. 우선 경청부터 이해하기로 한다.

소통의 두 측면

소통은 말하기와 듣기로 나누어진다. 말하기 중심의 소통이 커뮤니케이션이고 듣기 중심의 소통이 경청이다. 우리는 소통이라 하면 대개 커뮤니케이션으로 알고 있는데 이유는 이것의 산업화 때문이다. 말하기 자체가 중요산업으로 성장하였다. 언론, 출판, SNS 등이 대표적인 예고 영리조직과 비영리조직에서 하는 광고나 홍보 또한 그 예에 속한다.

이러다보니 듣기 중심의 소통은 어느 사이에 우리의 관심에서 멀어져 명상이나 생활윤리 정도로 여기게 되었다. 명상철학으로 유명한 틱낫한 스님은 바르게 말하기의 기초는 깊은 경청이라고 한다. 따라서 경청을 염두에 두지 않은 말하기는 진정한 소통이라고 보긴 어렵다.

경청 이해

경청은 오감 중 하나인 청각, 즉 듣기에 속한다. 듣기는 다양하게 분류할 수 있지만 여기서는 '얕은 듣기'와 '깊은 듣기'로 나눈다.[1] 얕은 듣기surface hearing는 대충 듣기, 흘려듣기 등을 지칭하는 표현으로 특별한 주의를 기울이지 않고 그냥 듣는 것을 말한다. 마음은 딴 데 가 있고 귀로만 듣는 이청耳聽이다. 이른바 영혼 없는 듣기다. 이럴 경우 대부분 들은 내용이 무엇인지 잘 기억나지 않는다.

깊은 듣기$^{deep\ hearing}$는 가슴으로 듣고 이해하고 마음에 새기는 것으로 경청傾聽이라 한다. 어떤 연설에서든 말미에 "경청해주셔서 고맙습니다"라고 하는데 사실 청자가 경청했는지 이청했는지 연단에 선 사람은 잘 모른다. 그냥 인사일 뿐이다. 고故 이병철 회장이 자식들에게 가장 강조한 것이 경청이라고 한다. 경청은 청자의 몫이기도 하고 화자의 몫이기도 한데, 청자는 경청할 수 있게 말해야 하고 청자는 경청하려는 마음을 가져야 한다.

공연예술에서 경청화

공연예술은 아티스트와 예술소비자 간의 소통이라 경청이 중요한데, 지금까지 말하기 중심의 소통을 해왔다. 작품이나 아티스트의 홍보가 그 예다. 심지어 SNS를 통한 광고까지 한다. 그 결과 공연예술의 마케팅비용은 해마다 증가하고 있다.

하지만 아무리 말해도 예술소비자가 경청하지 않으면 소통은 제대로 이루어지지 않는다. 그렇다면 예술에서 어떻게 하면 경청할 수 있게 할 수 있을까? 세 가지 아이디어를 제안한다. 공연적 의식, 스토리텔링 그리고 무대의상이나 장치인 물리적 증거의 활용이다.

공연전 의식으로 경청화

모든 예술작품은 다르다, 그리고 새롭다, 따라서 다름과 새로움을 받아들이지 않으면 예술은 존립하기 어렵다. 따지고 보면 예술작품은 모두가 아방가르드적이다. 이유는 모든 작품은 아티스트의 창의성에서 시작하기 때문이다. 클래식과 같은 공연예술은 아니지 않은가 하고 반론을 제기할 수 있는데, 클래식 음악 또한 공연 여건이나 뮤지션에 따라 다르게 해석되기 때문에 동일한 공연이나 연주는 없다. 따라서 이러한 아방가르드를 받아들일 수 있는 마음 준비가 필요하다.

어찌해야 할까? 쉽지 않다. 사람들은 친숙함을 좋은 것으로 생각한다. 따라서 예술소비자가 작품에 대하여 친근하게 느끼고 공연 감상에 몰입할 수 있도록 하는 의례가 필요하다. 대중음악가들은 콘서트 전에 향초를 피우거나 기도를 하는 등 자신만의 공연 전 의식인 PCR[pre-concert ritual]로 긴장을 풀고 공연에 몰입한다. 관객에게도 공연전 의식은 필요하다. 포스텍의 양은영 교수는 공연 전 두 가지 의식을 제안한다.[2]

공연작품이나 뮤지션에 대한 친숙성을 높이는 활동으로 공연전 강의인 PLC[pre-lecture concert]와 출연자와의 저녁 식사

dinner with artists다. 미국 공연예술소비자를 대상으로 한 선호조사에 따르면 34퍼센트의 응답자가 출연자와의 저녁 식사를 선호하고 약 14퍼센트가 공연 전 강의를 선호한다는 응답을 한다.[3] 출연자와의 저녁 식사에 비해 선호도는 낮지만 여러 예술 단체에서는 공연전 강의를 하고 있다. 이에 대한 양은 영 교수의 연구를 소개한다.

공연전 강의

공연전 강의의 사례부터 보자. 미국 샌프란시스코 심포니는 'Inside Music Talk'란 이름으로 음악평론가 여러 명이 나와 연주곡에 대한 다양한 해석을 소개하는 것으로 유명하다. 캐나다의 토론토 심포니는 PCR이란 이름으로 공연음악의 비하이든 스토리와 공연자에 대한 스토리를 일상적인 대화 형식으로 방송인이 소개하고 이를 온라인과 오프라인으로 제공한다. 파리 필하모니는 'Avant-Concert'란 이름으로 출연자, 음악평론가, 음악교수 등의 음악학적·사회적 쟁점에 대한 인터뷰를 올려 문화교류의 장을 마련하고 있다.

서울시립교향악단은 PCR이란 이름으로 상임 작곡가인 진은숙이 실내악 공연에 대해 강의하며, 코리아심포니오케스트라도 유사하게 하고 있다. 음악평론가 장일범이 공연관람의 집중도를 높이기 위해 주요 선율과 작곡 배경, 숨겨진

이야기 등을 소개한다.

사례를 살펴보면 공연전 강의인 PLC는 대체로 두 유형으로 나누어지는데, 공연작과 관련된 시대적 배경이나 의미 등을 소개하는 것이 있고, 출연자의 이력 등을 소개하는 것이 있다. 전자는 뮤직 PLC라 하고 후자는 뮤지션(출연진 포함) PLC라 한다. 양 교수의 연구에 따르면 뮤직 PLC보다 뮤지션 PLC이 경청의 자세를 갖게 하는데 더 도움이 되며 결과적으로 감상의 효과도 더 크다고 한다.

결국 베토벤의 교향곡 9번을 들려주고 음악적 특성과 작곡 배경을 설명하는 것보다 당일 출연자가 음악가의 길을 가게 된 인생 스토리를 들려주는 것이 친밀감을 높이는 효과가 있다는 것이다.

이유는 무엇일까? 음악 문해력music literacy 때문이다. 음악을 하나의 작품으로 이해하고 이를 받아들이려면 이 분야의 전문지식이 있어야 한다. 이를 음악 문해력이라 한다. 하지만 뮤지션에 대한 스토리는 음악 문해력이 낮은 사람이라도 쉽게 공감할 수 있기 때문이다. 따라서 뮤지션 PLC의 효과가 큰 것으로 나타난다.

스토리텔링으로 경청화

아티스트, 작가, 작품에 몰입하여 경청하게 하는 두 번째

방안이 스토리텔링이다. 논리적 말하기는 예술마케팅에서 사절이다. 공감을 얻을 수 있는 스토리텔링을 해야 한다.

스토리텔링은 어떤 사실을 스토리로 말하기인데, 좋은 예가 TV의 다큐다. 먼 곳에서 일어나는 이야기는 스토리텔링이 아니다. 내 생활과 밀접하게, 내 이웃에서 일어나는 일상적인 모습으로 말하기다. 영화나 소설의 스토리와 스토리텔링은 다른데, 전자는 내 생활의 일부가 아니지만 후자는 나의 삶이 스며든 이야기다. 한 가지 예를 보이는 것으로 이것에 대한 설명은 줄인다. 이는 미술평론가 황인 선생이 미니멀리즘을 구상미술에 적용한 화가로 유명한 장욱진 화백(1917~90)에 대한 스토리텔링을 요약한 것이다.[4] 장 화백에 대한 이러한 스토리를 듣고 나면 아마도 그의 작품이 달리 보일 것이다.

그의 삶을 관통하는 키워드는 심플이다. 작품에서만 심플을 구현한 것이 아니라 생활 전반에 걸쳐 심플했다. 작업실은 여러 곳 옮겨 다니면서도 사는 곳은 붙박이로 명륜동이었다. 이유가 흥미로운데 술을 마시다 실수를 해도 수습이 되는 안전공동체로 여겼기 때문이다. 친구들이 만나도 그는 말이 없었다고 하며 제자들과 어울려 술을 즐겼다고 한다. 혜화동 로터리에서 서점을 경영하면서 생계를 도맡아 한 부인에게 고맙다고 서울

대 교수로 취임하여 처음 받은 월급으로 겨자씨만 한 다이아 몬드가 박힌 반지를 선물했다. 그는 서울의대 앞에 있는 중국 집 진아춘에서 오향장육과 고량주를 즐겼다.

물리적 증거로 경청화

미술, 영화, 사진과 달리 음악은 무형성의 예술장르다. 무 형성intangible이라 예술소비자가 이를 이해하고 이것이 갖는 의미를 알아내기가 어떤 예술장르보다 쉽지 않다. 이유는 우 리의 오감은 시각중심으로 되어 있기 때문이다. 따라서 음악 에서 무형성을 유형화하는 방안이 경청에 중요하다.

무형을 유형화하는 것을 전문용어로 물리적 증거physical evidence라 한다.[5] 뮤지컬이 왜 공연예술의 중심이 되었는가? 하 고 물으면 뮤지컬은 스토리텔링과 유형화로 공연하기 때문이 라고 답할 수 있다. 뮤지컬에 어떤 물리적 증거가 있을까?

배우들의 의상, 상황을 담아내는 배경화면, 조명 그리고 설치물이다. 비전문가로 배우의 의상을 말하기가 어려워 레 스토랑이나 카페 종사원의 유니폼을 예로 든다. 깨끗한 유니 폼은 입고 갈색의 앞치마를 두른 젊은이가 서비스하는 레스 토랑을 생각해보자. 유니폼이 그 레스토랑의 음식 맛과 서 비스의 질을 3분의 1 정도는 결정한다. 마찬가지로 배우 의 상은 뮤지컬을 감상하는 예술소비지가 뮤지컬을 받아들이는데 중요한 증거가 된다. 뮤지컬의 공연장과 배경화면 또한 큰 의미를 갖는다. 공연장의 세트와 크기, 분위기 및 그 배경화면은 뮤지컬을 경청하는 데 큰 가이드가 될 수 있다. 다음은 조명인데, 조명은 물리적 증거로서 가장 중요하다고 할 수 있다. 이유는 조명이 색채를 연출하기 때문이다. 따라서 공연예술에서는 색채전략을 특히 유념해야 할 것이다. 참고로 세 가지 가이드라인을 소개한다.[6]

첫째, 정형성 대 비정형성이다. 예술소비자가 예상한 조명을 할 수도 있고 의외의 조명을 택할 수도 있는데, 예상한 색채는 정형성에 속하고 그렇지 않은 것은 비정형성이다. 가령 겨울이면 으레 흰색 조명을 예상하지만 반대로 초록색 조명을 하는 경우이다. 정형성 색채조명을 할 수도 있고 비정형성 색채조명을 할 수도 있는데 어느 방식이 더 낫다고 보긴 어렵다. 다만 이런 점은 염두에 둘 필요가 있다. 정형성인 경우 정보해독이 완결되어 더 이상 색채에 대해 생각하지 않지만 비정형성인 경우는 정보해독이 완결되지 않아 생각하게 된다. 그래서 머리에 여운으로 남게 되고 결과적으로 기억되고 의미해석을 나름대로 하게 된다.

다음은 단일색채 대 복수색채다. 메인 조명을 두고 보조조명으로 다양성을 살릴 수 있고, 반대로 다양한 조명으로 메인 조명을 두지 않는 것이 복수색채다. 단일색채가 좋은지

복수색채가 좋은지 정답은 없다. 복수색채가 갖는 시선 끄
는 힘은 아무래도 단일색채의 힘보다 클 수 있기 때문에 유
리한 점이 있다. 하지만 고유 색채로 이미지화하는 데는 불
리하다. 단일색채는 단색화에서 볼 수 있듯이 함축의미를 생
각하게 하는 데 비해 복수색채는 시선을 끌지만 의미작용에
약하여 이미지화에 불리할 수 있다.

세 번째로 고정색채 대 색채 변화다. 뮤지컬 공연의 경우
모든 작품에 같은 조명을 하느냐 작품마다, 공연공간마다,
시대마다 다르게 하는지를 말한다. 뮤지컬의 경우 수년에 걸
쳐 공연이 이루어지기 때문에 고정색채 대 색채변화는 중요
한 쟁점이 될 수 있다. 시대의 흐름에 따라 변화를 주는 방안
에 마음이 간다. 이유는 시대성을 반영하는 색채가 있기 때
문이다. 예를 들어 코로나19 이후 검은색 패션이 약 20퍼센
트를 차지하고 있다. 검은색은 절제, 반항, 인내 등을 함축하
는 의미를 갖기 때문에 코로나19에 대한 사람들의 심리를
반영하고 있는 것이다.

제5부

•

경험후 예술마케팅

이제 경험후 예술마케팅까지 왔다. '경험후'는 기존 경험의 마무리이지만 새로운 경험의 시작이기도 하다. 마무리와 시작이 함께 하는 순간이라 매우 중요하다. 마무리가 되지 않은 시작은 불완전하고 시작이 없는 마무리 또한 불완전하기는 마찬가지다. 내일이 없는 오늘과도 같다. 하루의 일을 마무리하면서 내일을 기약하는 밀레(Jean-Francoi Millet(1814~75)의 만종을 생각한다. 어떻게 하면 하나의 예술소비를 잘 마무리 짓고 새로운 예술소비가 이루어지게 할까? 이 질문에 대한 답을 요즘 유행하는 팬덤에서 찾는다.

제13장 팬덤화

예술소비자와 예술기관의 인연^{deep relationship}이 한 번의 예술소비로 끝나는 게 아니라 이어지게 하는 것이 경험후 예술마케팅의 핵심이다. 어떻게? 이 질문에 대한 응답은 두 가지 프레임으로 할 수 있는데, 고객만족^{customer satisfaction}과 팬덤^{fandom}이다. 고객만족은 일반기업에서 사용하는 프레임인데 지금까지 예술기관에서도 사용해왔다. 그래서 예술기관의 만족도를 조사하고 추천의도, 재구방문의도 등을 조사한다. 하지만 이 프레임은 한계가 있는데 예술기관과 예술소비자를 이원화한다. 그리고 예술소비자를 일반소비자와 동일시한다.

예술소비자는 다르다. 능동적이다. 자기가 좋아하는 작가나 작품을 열렬히 좋아하며 타인에게 추천하고 같이 가자고 한다. 그리고 지속적으로 간다. 즉, 예술소비자가 예술기관이나 예술가와 일체감을 느낀다. 이런 이유로 예술은 일반기업에서 사용하는 고객만족 프레임보다는 팬덤 프레임으로 접근하는 것이 더 타당하다. 팬덤 프레임으로 예술기관이나 예술가와 예술소비자의 인연이 이어지게 하는 아이디어를 내는 것이 팬덤화fandoming이다. 그렇다면 팬덤이란 무엇일까?

팬덤 이해

매스미디어에서 소셜미디어로 미디어 여건이 바뀌게 된 2010년 이후 문화콘텐츠에서 팬덤이란 새로운 개념이 떠오르게 된다. 팬덤을 파자하면 열광이란 의미를 갖는 팬fan과 영지란 의미의 덤dom으로 나누어진다. 따라서 팬덤은 열광적 팬들의 영지란 의미가 된다. 팬덤 이전에 이와 유사한 마니아, 오타쿠(오덕후), 팬클럽 등이 있었지만 지금은 팬덤으로 흡수되었다. 마니아, 오타쿠 등은 특정 대상에 대한 열광적 취향이고, 팬클럽은 특정 연예인을 열정적으로 애호하는 소비자들의 모임이지만, 팬덤은 그 이상이다. 대상이나 사람

에 대한 열광은 물론이거니와 같이 꿈을 향해 나가는 생산
적 마음공동체라 할 수 있다.

신부족주의와 팬덤

팬덤은 일종의 공동체다. 따라서 팬덤 이해는 공동체 이
해에서 시작된다. 사회는 구성원들이 어떤 목적을 위해 구성
한 사회구성체인데, 이익을 목적으로 모인 사회구성체가 있
고 공동선이나 공동가치를 목적으로 모인 사회구성체가 있
다. 기업은 전자에 속하고 씨족이나 마을, 종교 공동체는 후
자에 해당한다. 물론 이익과 공동선을 함께 추구하는 구성체
인 각종 생산조합, 소비조합, 생활공동체가 있지만 예외적이
다. 따라서 사회구성체는 이익을 추구하는 이익구성체와 목
적공동체purpose community로 나뉜다.

이익을 목적으로 하는 사회구성체인 기업에서 생업에 필
요한 돈을 벌고, 생활은 마을 공동체나 종교공동체와 같은
목적공동체에서 하는 것이 우리의 일상인데, 도시화의 진전
으로 후자가 무너지자 제삼의 공동체를 찾게 되고 그 결과
로 나타난 것이 팬덤이다. 팬덤은 좋아하는 연예인을 중심으
로 팬들이 능동적으로 구성하는 일종의 정서적 공동체다. 또
한 이들은 수동적으로 좋아만 하는 것이 아니라 자기들의 꿈
을 구성하는 새로운 아이디어를 제시하고 돈을 내고 협력하

여 자발적으로 자기 공동체를 성장시키려고 노력하기 때문에 생산적 공동체prosumer community이기도 하다. 따라서 팬덤은 지금까지 없던 제삼의 공동체로 생산적·정서적 공동체로 정의된다. 이런 공동체를 구성하는 현상을 마페졸리Michel Maffesoli(1944~)는 신부족주의neo-tribalism이라 한다.[1]

요약하면 이렇다. 팬덤은 생산적 정서공동체로 목적공동체를 대신한다. 그래서 신부족주의라 한다.

팬덤의 등장 이유

생산적 정서공동체인 팬덤이 왜 지금에 와서 예술문화콘텐츠에서 주목받게 되었을까? 2010년 이후 스마트폰의 시대가 도래하여 소통의 민주화가 이루어진 것이 결정적 이유이고 방탄소년단의 팬덤인 아미ARMY의 등장이 팬덤의 시대를 앞당겼다. 그 외 인구통계적 요인도 한몫을 한다. 1인 가구가 늘어나자 새로운 가족을 구성하는 방안으로 팬덤이 등장한 것으로 볼 수도 있다. 전통 가족은 강한 연대strong tie이고 제도의 틀 안에서 구성되며 경우에 따라서는 폭력적이지만, 팬덤은 약한 연대weak tie로 자기결정성에 의해 구성되기 때문에 자유롭고 편안하다.[2] 반려견을 비롯한 반려동물이 늘어나는 현상도 약한 연대라 할 수 있다.

또한 정치·경제적인 이유도 한몫을 한다. 지금의 사회를 사다리가 끊어진 사회라고 한다. 취업하기도 힘들고 취업해도 언제 잘릴지 모르며, 집값은 너무 높아 엄두도 나지 않고, 이자율은 낮아 돈을 모을 수도 없는 그야말로 빛이 없는 사회가 된 것이다. 기성세대는 인내하고 노력하면 된다고, 나도 그랬다고 하지만 이는 시대를 잘못 읽는 꼰대의 조언으로 치부된다. 그래서 계단 끝에, 사다리를 타고 올라가는 꼭대기에 무엇이 있는지를 사람들은 묻는다. 그 답은 행복이다. 행복을 찾으려 사다리를 타고 기어오르는 것이다. 그 행복을 사다리 타고 올라가서 찾을 게 아니라 지금 여기서 찾는 방안으로 팬덤이 주목받게 된 것이다.

팬덤은 일종의 지금 중심적인 행복 찾기로 등장한 새로운 현상이다. 그 결과 좋아하는 아티스트의 연주를 들으면서 좋아하는 셰프가 있는 맛집에서 친구들과 음악을 얘기하고 음식을 즐기는 것이다.

팬덤의 유형

방탄소년단의 아미 같은 문화콘텐츠에서 팬덤이 시작되었지만 지금은 브랜드 팬덤 현상도 나타나고 있으며 심지어 정치인 팬덤도 있어 흥미롭다. 문화콘텐츠 팬덤은 예술인과 장르로 나뉘는데, 예술인 중심의 팬덤은 팬클럽과 유사하고 장르 중심의 팬덤은 전통국악, 민화, 특수한 악기 등 특정 장르를 중심으로 한 팬덤이라 마니아나 오타쿠와 유사하다.

이에 비해 브랜드 팬덤은 특이한데, 이는 브랜드커뮤니티에서 유래한다. 할리데이비슨 오토바이는 HOG^{Harley owners group}란 프로그램으로 자기 브랜드 고객을 관리한다. 같은 유니폼을 입고 같이 모여 주말여행을 함께 하는 놀이공동체를 운영하고 있는데, 대개 전통이 오래되고 마니아가 구입하는 컬트 브랜드에서 브랜드커뮤니티가 많이 구성된다. 브랜드커뮤니티에서 발전한 것이 브랜드 팬덤인데 이들은 온라인 상에서 소통을 주로 하고 필요한 경우 오프라인에서 만난다.

그 외 정치적 팬덤도 시선을 끈다. 이른바 '문빠'로 지칭되는 현상을 보면 분명 정치적 팬덤이 존재하고 이들은 무조건적으로 특정 정치인을 지지하고 비판 세력으로부터 특정 정치인을 옹호한다. 정치적 팬덤은 흥미롭게도 팬덤의 정서에 맞는 정치인을 고른다. 따라서 정치인보다 팬덤이 더 힘을 갖는 정치적 공동체를 형성한다. 정치적 팬덤은 문화콘텐츠 팬덤이나 브랜드 팬덤과 달리 타자를 배척한다. 우리는 고결하고 타자는 부패한 자들로 규정한다. 이런 배척이 매우 어필하는데, 타자를 깎아내리면 내가 깨어 있고 고결하다는 도취를 맛볼 수 있기 때문이다. 하지만 이는 성찰이 결여된 우리끼리의 모임이다. 타자와 공존하면서 성찰할 수 있어야 진정한 팬덤이 된다.

팬덤의 조건

문화콘텐츠 팬덤이든 브랜드 팬덤이든 진정한 팬덤이 되는 데는 몇 가지 조건이 있다.

첫 번째는 문화콘텐츠나 브랜드가 정서적 플랫폼이 돼야 한다. 여기서 말하는 정서란 개인취향을 반영하면서 지향목적이 있는 정서다. 예를 들어 파타고니아라는 아웃도어 패션이 지향하는 목적purpose은 환경친화이고 나이키는 승리의 여신이다. 환경친화나 승리 등의 지향목적이 있을 때 브랜드는 정서적 플랫폼이 되는 것이다. 문화콘텐츠 또한 마찬가지인데 클래식 음악은 그 나름의 코드를 지키는 것이 정서적 플랫폼을 구성하는 기반이다. 클래식을 대중음악처럼 서비스하면 팬덤은 무너진다. 그냥 소비될 뿐이다.

두 번째는 모든 문화콘텐츠나 목적추구적 브랜드에서 팬덤이 구성되는 것은 아니다. 시대성과 호흡하는 콘텐츠에 특히 많은 사람이 모인다. 방탄소년단이 세계적 팬덤을 갖는 이유 중 하나가 이 시대를 사는 젊은이들의 아픔을 담아낸 가사와 리듬 때문일 수 있다. 일자리는 인공지능에게 내줘야 하고 기득권인 노년층의 수명은 길어 이들의 복지에 들어가는 조세 부담이 증가하고 지구온난화 등 생활환경은 날로 악화되고 있는 것이 동시대성이다. 따라서 동시대가 당면한 문제에 솔루션을 제공하는 콘텐츠에서 팬덤이 구성된다.

세 번째 특징은 탈지역, 탈인종, 탈계층이다. 과거의 공동체가 지연이나 씨족, 계층을 기반으로 한 부정성을 보여주었지만 팬덤은 나라를 초월하고 민족을 초월하고 계층, 나이를 초월한다. 한 마디로 슈퍼공동체다.[3] 문화콘텐츠라는 플랫폼으로 사람과 사람이 연결되어 있어 쉽게 대화를 나눌 수 있으며 상대를 믿을 수 있게 된다. 어찌 보면 21세기의 새로운 세계질서라 해도 될 것이다.

끝으로 팬덤은 타자와 공존하면서 성찰한다. 정치적 팬덤에서 이미 말한 내용이다. 팬덤은 정서공동체라 타자를 배척하지 않고 인정하고 공존한다. 또한 자기완결이 아니다. 지속적으로 자기반성을 하고 시대와 사회와 함께하려 애쓴다. 그래서 생산적 공동체라 하는 것이다.

예술기관에서 팬덤화

예술기관의 팬덤은 앞에서 논의한 세 가지 팬덤 중 브랜드 팬덤에 속한다. 방탄소년단의 아미처럼 사람 중심의 팬덤은 아니다. 따라서 기존의 문화콘텐츠 팬덤화의 아이디어를 그대로 쓸 수는 없다. 그래서 몇 가지 전제가 필요하다.

예술기관 팬덤화의 전제

우선 예술기관을 그냥 기관으로 보아서는 안 된다. 예술
플랫폼으로 보아야 한다. 예술플랫폼이란 예술인, 예술작품
과 예술소비자가 모여서 정서적 교환이 잘 이루어지게 하는
장소, 공간, 미디어를 일컫는다. 플랫폼은 열차와 손님의 만
남이 이루어지는 곳으로 서울역이 그 예다. 그냥 손님이 오
지는 않는다. 부산, 광주 등 목적지가 있어서 오는 것이다. 예
술플랫폼은 조금 다른데 서울역처럼 딱히 가야할 곳이 있어
서 오는 것은 아니지만 정서적 여행을 바라고 오는 것이다.
어디로 가야 할지 사실 잘 모른다. 좋아서 모이는 것이다. 따
라서 예술기관이 예술성 혹은 심미적 가치를 중심으로 다양
한 콘텐츠를 구성할 때 비로소 예술플랫폼이 되는 것이다.

다음은 나이, 성별, 나라, 지역 구분 없이 예술기관을 플랫
폼으로 해서 수평적인 만남이 이루어져야 한다. 우리 것이
최고, 나의 예술취향이 최고 등의 사고는 팬덤화를 가로막는
다. 따라서 예술소양이나 취향을 계급구분의 기준인 문화자
본으로 보아서는 안 된다.

문화자본을 이해하려면 문화이론가인 부르디외^{Pierre}
^{Bourdieu}(1930~2002)의 주장을 들어야 한다.[4] 그는 사회적 권력
과 사회적 불평등을 결정짓는 데 작용하는 세 종류의 자본
을 경제자본, 사회자본, 문화자본^{cultural capital}이라고 하면서 문

화자본을 이렇게 설명한다. 예술과 문화에 대한 객관적 지식, 문화적 취향과 선호, 대학교 학위 등의 공식 자격, 악기를 다루는 능력인 문화적 기술, 스스로 차별화하고 좋음과 나쁨을 구분하는 능력 등을 문화자본으로 정의한다. 그가 문화자본이라 하는 것을 한 마디로 하면 예술적 소양인데, 이를 계층구분의 기준으로 생각한다. 하지만 예술에서 팬덤화는 이를 부정한다. 오히려 경제적·사회적 차등이 문화 속에서 평평해지는 것을 팬덤화는 지향한다. 그래서 예술을 문화자본이 아닌 문화민주주의로 접근해야 한다.

팬덤화 아이디어

예술기관이 팬덤을 구성하려면 어떻게 할까? 두 차원으로 이 물음에 답할 수 있다. 인정recognition과 애착affection이다. 예술소비자가 예술기관의 예술적 활동을 인정하고 또한 그 기관의 활동에 적극적으로 참여하는 애착을 가질 때 팬덤이 이루어지는 것이다. 어떻게 하면 이렇게 될까?

먼저 예술기관의 콘텐츠를 제대로 구성하는 것이다. 단순히 예술기관이란 이름만으로는 어필하기 어렵다. 심미적·정신적 가치를 담아내는 뚜렷한 목적이 있어야 하며 이를 뒷받침하는 전시나 공연 콘텐츠가 필요하다. 스토리가 있어야 하고 배우나 작품이 있어야 하며 기획이 시의적절하고 창의적이어야 한다.

이중 가장 중요한 것은 전시나 공연의 시의적절하고 창의적인 기획이다. 어떻게 할까? 한마디로 새로운 개념의 설계다. 새로운 개념의 설계는 상상력에서 나온다. 상상력이란 기존의 것을 해체하여 재구성하는 것이 핵심이다. 어떻게 해체하고 재구성할까?[5] 시대성을 반영하면 된다. 시대성을 간파하는 촉이 기획자에게 있어야 한다. 따라서 상상력이 살아있는 콘텐츠 구성이 팬덤화의 첫 번째다.

대표적 문화콘텐츠인 방탄소년단이 추구하는 시대성은 이 시대 젊은이의 아픔이다. 사다리가 사라진, 그래서 노력해도 한계가 있고, 일자리도 구하기 힘든 젊은이들의 고통을 가사에 담아내고 있다. 그래서 우리말로 된 가사로도 팬들의 사랑을 받는 것이다. 만약 세계인이 공유할 수 있는 콘텐츠가 아닌 경우는 어떻게 하는가? 콘텐츠는 전통을 담아내지만 공연의 방식을 세계화해야 한다.[6]

다음은 예술소비자가 참여하고 반복해서 오고 다른 예술소비자를 불러들이는 향상 노력이 필요하다. 취향을 공유하는 모임을 구성하고 예술적 취향을 말할 기회를 제공하는 것이다. 말하게 하라, 그리고 너는 말하지 말라. 그러면 참여한다. 즉 예술소비자가 프로슈머가 되게 판을 깔아주어야 한다. 들으려 하는 자세가 되어 있지 않으면 말하지 않는다. 따라서 끊임없이 스스로 자문하고 또 예술소비자에게 질문해야 한다.

예술소비자 참여의 예로서 방탄소년단의 팬덤인 아미의 활동을 소개한다. 이들은 기본적으로 방탄소년단의 신곡이 나오면 빌보드앨범차트의 상단을 차지하게 하는 다양한 활동(우리 오빠 1등 만들기)을 하는 것으로 알려져 있다. 디지털 음원 서비스 유료회원 가입 및 24시간 스트리밍하기, 미국 50개 주 지역 라디오에 신청곡 보내기, 유튜브 뮤직비디오 반복 신청 및 링크 공유하기, 앨범 출시 TV 출연 당일 실시간 검색순위 올리기, 방탄소년단 관련 외신 기사 소셜미디어 공유하기, 각종 시상식 투표 방법 및 투표 독려 글 공유하기 등이다.

또 이런 것도 제안한다. 예술기관을 복합문화공간으로 구성하는 것이다.[7] 예술기관에 좋은 카페가 있고 레스토랑이 있으며 도서관이 있다고 생각해보자. 옷만 취급하는 미국 백화점은 이제 거의 사라졌는데 왜 우리나라 백화점은 해마다 늘어나고 또 성장할까? 이유는 백화점이 복합문화공간이 되고 있기 때문이다. 전국의 맛집을 컬렉션해서 식당가를 구성하고 유명한 베이커리와 카페를 입점시키고 갤러리와 문화교실까지 운영한 결과다.

예술기관도 복합문화공간으로 거듭날 때 팬덤화가 가능하

다. 국립현대미술관의 레스토랑이나 카페는 입찰을 통해 입점하는 것으로 알고 있다. 이건 아니다. 미술관의 이미지에 걸맞은 서비스 콘텐츠가 입점하도록 해야 한다. 그래야 예술소비자와 예술기관의 인연은 깊어질 수 있다.

제6부

•

마무리

이 책은 프레임2에 근거하여 예술마케팅을 여덟 가지 개념으로 제안하고 있다. 지금까지 일곱 가지 개념을 경험 중심으로 범주화하여 논의했다. 이제 거버넌스다. 이는 예술마케팅의 인프라에 해당하는 것으로 가장 중요하다. 이유는 행정이나 경영에서 거버넌스가 차지하는 비중이 점점 높아지고 있기 때문이다. 예술기관의 거버넌스에 대한 논의로 '새로운' 예술마케팅을 마감하려 한다.

제14장 거버넌스

예술마케팅에서 거버넌스라 하면 제일 먼저 '거버넌스가 뭐지?' 하는 질문이 나올 것이다. 우리말로 '협치'로 번역되는데 제도, 법, 정책, 소유구조, 의사결정구조 등을 총칭하는 행정용어다. 같은 법이라도 법학으로 보면 그냥 법이지만 한 나라를 관리하는 행정의 눈으로 보면 거버넌스governance가 되는 것이다. 거버넌스의 중심에 정부와 국회 및 대통령이 있는데 그 이유는 행정용어이기 때문이다. 요즘은 시민단체나 기업도 중요한 거버넌스로 생각하고 있어 거버넌스의 중요성이 점차 높아지고 있다. 거버넌스에 대한 소개는 이 정도로 하고 예술기관의 거버넌스에 대한 논의를 시작한다.

예술기관의 거버넌스

왜 거버넌스가 예술기관을 활성화하는 데 중요할까? 예를 든다. 예술기관에 유리한 지원법을 만들거나, 지자체장이나 의회를 설득하여 예산을 늘리거나, 예술기관의 이사회를 잘 구성하여 공연이나 전시가 잘 이루어지게 지원할 수 있다. 이러한 활동을 일반 마케팅에서는 정치적 마케팅political marketing 혹은 메가마케팅mega marketing이란 이름으로 부른다. 전통시장을 보호하려 백화점이나 대형마트를 한 달에 두 번 쉬게 하는 것이나, 정부로부터 친환경 인증을 받은 제품을 정부조달 물품으로 선구매하게 하는 법을 제정하는 것 등이 그 예다.

따라서 예술기관에서 거버넌스를 제대로 논의하려면 예술관련 법부터 알아야 한다. 그리고 정부의 예술정책 또한 이해해야 한다. 그 외 예술기관의 이사회를 분석하고 어떤 사람들이 모여 어떻게 의사결정을 하는지도 논의해야 할 것이다. 이들 모두를 다루는 것은 이 책의 범위를 벗어난다. 그래서 여기서는 예술기관의 거버넌스를 수입구조, 예술정책, 조직문화 세 가지로 나누어 실무적용이 용이하도록 진단중심으로 논의한다.

수입구조 진단

거버넌스의 처음이 예술기관의 수입구조를 체크하는 것이다. 수입원천이 무엇인지에 따라 거버넌스는 다른데, 대체로 세 가지 원천이 있다. 정부나 지자체의 예산, 기업이나 시민들의 기부 그리고 예술행사를 통한 수입이다. 수입구조가 제대로 정립되지 못하면 존립이 흔들리거나 극단적인 경우 종속되어 예술의 자율성을 상실할 수도 있다. 그래서 예술기관의 수입구조를 진단하는 것이 거버넌스의 시작인 것이다. 어떻게 진단하지?

그림에서 보는 바와 같이 삼각형으로 예술기관의 수입구조를 분석한다. 어떻게? 예술행사를 통한 수입은 영리[profit], 정부나 지자체의 예산을 통한 수입은 공공[public], 회원이나 시민의 기부를 통한 수입은 대의[cause]라 하여 세 꼭지로 삼각형을 구성한다.[1] 다만 영리[profit]와 공공[public]의 'P'가 중복되어 공

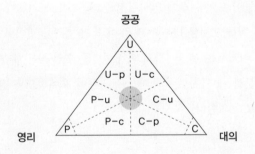

공을 'U'로 표기한다. 이 그림은 몇 가지 메시지를 담는다.

먼저 예술기관의 수입구조는 영리와 공공, 대의가 섞여 있음을 보여준다. 물론 입장에 따라 지배적인 원천이 다를 수는 있다. 아트페어나 공연기획업체의 입장에서는 영리가 지배적이지만 국립현대미술관처럼 국립이나 공립인 경우는 공공이 지배적일 수 있고 재단에서 운영하는 예술인 경우 대의, 즉 기부가 지배적일 수 있을 것이다.

다음은 입장에 따라 하나의 수입구조가 지배적일 따름이지 다른 수입을 배제하지는 않음을 대문자와 소문자의 조합으로 표현하고 있다. 국립 예술기관이라도 공공을 중심으로 하지만 영리는 어느 정도 고려해야 할 것이며(U-p), 아트페어나 갤러리, 공연기획처럼 영리를 기본으로 하지만 공공이나 대의도 무시할 수는 없을 것이다(P-u, P-c).

세 번째로 그림의 가운데에 자리한 동그라미는 이상적인 수입구조를 말한다. 공공성, 영리성 그리고 대의를 골고루 살릴 수 있는 구조라 더 바랄 것이 없는 꿈일지 모른다. 하지만 예술계가 가슴 깊이 품고 가야할 꿈이다.

이처럼 예술기관의 거버넌스는 수입구조 진단에서 시작한다. 예를 들어 어떤 예술기관이 현재 U에 해당하는 수입원에만 의존하고 있다면 과연 타당한지를 따져 보고, 만약 예술기관의 성격상 적절하지 않다면 U-p나 U-c 두 방향 중

어디로 가야 할지를 제안할 수 있을 것이다.

예술정책 진단

대한민국의 예술기관 경영과 관련된 정책은 묘하다. 설립 목적에는 공공성을 표방하면서 현실은 자체적으로 먹고 살게 해놓았다. 그 결과 수입과 지출을 가장 중요하게 여긴다. 특히 공연기관은 더하다. 자체 기획된 콘텐츠는 거의 없고 외부 기획사에게 공간을 파는 일종의 임대업자로 전락하는 이유가 이것에 있다.

예술기관의 생명력을 키울 수 있는 예술문화정책으로 바꿔야 한다.[2] 어떻게? 제대로 된 평가시스템을 도입해야 한다. 평가시스템에 따라 운영은 반드시 달라진다. 몇 명의 관객이 들었고 몇 편의 작품을 공연했다고 하는 양적 평가에 연연하는 것은 예술기관을 완전히 망가뜨릴 수 있다. 질적 평가를 도입해야 한다. 어떻게 하지? 질문하는 것이다. 앞에서 소개한 카네기홀 예술감독인 길린슨의 질문을 다시 소개한다.

카네기홀을 성공적으로 이끄는 동력은 무엇일까, 사람들은 이곳에서 진정으로 일하고 싶어 할까, 카네기홀은 최고의 운영이

사진이 관여하고 싶은 조직일까, 세계 최고 실력의 연주자들은 카네기홀에서 연주하고 싶어 할까, 홀의 기획프로그램에 대한 평가는 긍정적인가, 후원자들은 우리를 지원하고 싶어 할까, 티켓 판매는 잘 되고 있나.

다음은 예술기관 대표나 이사진 구성이다. 정치적 인사를 임명하면 반드시 임명권자의 입맛에 맞게 움직인다. 정치란 지속성이 없다. 설혹 정치적 인사가 임명되더라도 안목을 갖춘 이사진을 구성하면 지속성은 어느 정도 확보할 수 있을 것이다. 하나의 방안으로 이사진에 시민단체가 추천하는 인사를 포함시킬 것을 제안한다.

세 번째로 설립 목적에 충실한 것이다. 공공성을 설립 목적으로 했으면 철저히 그걸 고민해야 한다. 1980년 이후 우리나라 예술기관 경영에 신자유주의 사상이 도입되었다. 신자유주의가 표방하는 것은 경쟁, 주주 이익, 세계화 등이다. 이를 위해 사람을 줄이고 혁신을 끝없이 해야 한다고 제너럴일렉트릭GE의 웰치 회장은 말한다. 이를 우리나라 정부는 여과 없이 받아들여 예술기관의 경영에 도입하여 오늘에 이르고 있다. 이렇게 할 것이면 차라리 모든 예술기관을 민영화하는 게 낫다. 어설프게 이것도 아니고 저것도 아니게 하여 혼란만 가중되고 있다.

이제는 신자유주의 경영도 한물갔다. 환경적 가치와 사회적 가치를 중시하는 시대가 되었는데도 정부의 문화예술정책은 20세기에 머물러 있다. 어떻게 하라고? 각 예술기관의 설립 목적에 충실하면 된다. 설립 목적에 문제가 있으면 시대에 맞게 바꿔야 한다.

끝으로 예술인들의 각성이다. 끼리끼리 모여서 자기 식구 챙기는 예술인의 삶은 구차하다. 비루하다는 것이다. 비루하지 않게 예술인으로 사는 것은 자부심을 회복하는 길이다. 먹고 사는 게 당장 급한데 무슨 헛소리? 어떤 직업이든 자부심은 내부에서 망가뜨린다. 블랙리스트를 작성하여 예술인들을 정권의 주구走狗로 삼으려는 발상을 정책적으로 하는 정부가 예술인들의 자부심을 망가지게 하는 일차적 책임은 있다. 그럼 이렇게 묻는다. 예술인 누가 그 리스트에 반발했는가? 부당한 것에 침묵하는 것은 일종의 긍정이다. 좋다고 해야만 긍정은 아니다. 적극적으로 반항했어야 한다. 그래야 예술계의 생명력은 지속될 수 있는 것이다.

조직문화 진단

거버넌스의 세 번째는 예술기관의 조직문화 진단이다. 대부분의 예술기관이 국공립이라 관료적 조직문화를 갖는다고 보면 된다. 관행을 중시하고 감사auditing에 대비하여 매뉴얼대로 업무를 처리할 것이다. 그래서 변화를 적극적으로 수용하지 못한다. 이에 반해 기업의 조직문화는 시장지향적이다. 시장변화를 적극적으로 수용하지 않으면 망할 수 있기 때문이다. 영리조직과 비영리조직의 문화는 이렇게 다를 수밖에 없다.

따라서 예술기관의 조직문화가 영리조직인 기업과 같기를 기대하기는 어렵다. 다만 시장지향성의 정도를 따져보는 것이 예술기관의 조직문화 진단이다. 시장지향성은 경영책임자가 자주 쓰는 말, 의사결정 기준, 조직구조, 교육내용 등네 가지 영역으로 나뉜다.

첫째, 예술기관의 대표나 예술감독이 예술마케팅이란 말을 쓰는가? 만약 쓰지 않는다면 대신 어떤 말을 구성원들과의 대화에서 많이 사용하는지를 또 물어야 한다. 예술마케팅을 세속적으로 보고 쓰기 싫어한다면 그 이유가 무엇인지 또 확인해야 한다. 조직문화를 시장지향성으로 바꾸려면 경영책임자가 쓰는 말부터 바꿔야 한다.

둘째, 기획자가 전시나 공연기획을 할 때 어떤 것을 중시하는가? 과거 성공한 사례나 외국에서 성공한 사례를 중요한 기준으로 삼는 것으로 부족하다. 예술마케팅을 기획에 반영해야 한다. 어떻게? 예술기관의 고유성을 살리면서 예술소비자의 기호변화인 시대성을 기획안에 반영하는지를 따져야 한다. 다르게, 새롭게, 예술기관의 이름에 걸맞게 기획해야 한다.

셋째, 조직구조 점검이다. 조직구조에서 예술마케팅 담당자가 있는가, 있다면 누구인가? 담당자가 어찌 보면 가장 중요하다. 하지만 인건비를 감당하기 어려워 담당자를 둘 수 없는 경우 예술기관의 대표나 예술감독이 그 역할을 해줘야 한다. 만약 그렇지 못한 경우 외부기관이나 외부전문가의 도움을 받는 것도 추천한다. 담당자와 함께 점검해야 할 것이 예술마케팅 예산이다. 예산이 편성되지 않으면 일을 할 수가 없고 또 얼마라도 예산을 편성해두면 반드시 일하게 된다. 예산편성에서 담당자의 인건비를 포함하는 경우도 있고 그렇지 않은 경우도 있어 구체적 명세를 잘 정해야 한다.

끝으로 인력양성이다. 구성원이 예술마케팅 교육을 정기적으로 받고 있는가? 지금까지 받아본 적이 없다면 그 이유를 따져야 한다. 필요가 없어서, 마땅한 교육자가 없어서, 자기 예술기관의 형편에 맞는 예술마케팅이 없어서 등등 다양한 이유가 있을 것이다. 마케팅은 생명력을 불어넣는 활동이기 때문에 만약 교육을 받아본 적이 없다면 분명 그 예술기관은 산소 호흡기를 꽂은 식물기관일 가능성이 높다.

제1장 예술마케팅의 출현

1 François Colbert, "A Brief History of Arts Marketing Thoughts in North America," *The Journal of Arts Marketing, Law, and Society*, Routhledge, 2017.

2 장하준, 김희정 옮김, 『장하준의 경제학 강의』, 부키, 2014, 95~111쪽.

3 김용규, 『도덕을 위한 철학 통조림』, 주니어김영사, 2014, 86~149쪽.

4 Steven Lysonski, "A Boundary Theory Investigation of the Product Manager's Role," *Journal of Marketing*, 49(Winter), 1985, pp.26~40.

5 존 피스크, 강태완, 김선남 옮김, 『커뮤니케이션학이란 무엇인가』, 커뮤니케이션북스, 2008, 213~246쪽.

6 전인수, 『비즈니스상상력』, 살림, 2017, 110~111쪽.

제2장 기존 예술마케팅

1 Daragh O'Reilly and Finola Kerrigan, ed. *Marketing the Arts: A Fresh Approach*, London and New York, Routledge, 2010.

2 Giovanni Schiuma, *The Value of Arts for Business*, Cambridge, Cambridge University Press, 2011.

3 필립 코틀러, 조앤 셰프 번스타인 지음, 용호성 옮김, 『전석매진』, 김영사, 2007.

Joanne Scheff Berstein, *Arts Marketing Insights*, San Francisco, Jossey Bass, 2007.

4 8P로 마케팅활동을 분류하는 예: 김병희, 『문화예술 8P 마케팅』, 커뮤니케이션북스, 2015.

5 프랜코이즈 콜버트, 잭큐스 낸텔, 수잔 빌로듀, J. 데이스 리치 지음, 박옥진, 김수영 옮김, 『문화예술마케팅』, 태학사, 2007, 1장.

제3장 새로운 예술마케팅

1 전인수, 『문화마케팅』, 학현사, 2020, 9장.

2 예술에서 고유한 마케팅에 대한 논의는 다음 책을 참조:

Daragh O'Reilly and Finola Kerrigan, ed. *Marketing the Arts: A Fresh Approach*, London and New York, Routledge, 2010.

제4장 예술 읽기

1 리처드 세넷, 김홍식 옮김, 『장인』, 21세기북스, 2010.

2 톨스토이, 이철 옮김, 『예술이란 무엇인가』, 범우, 2019.

3 조명계, 『아티스트로 살아남기』, 이다북스, 2018.

4 조요한, 『예술철학』, 미술문화, 2011.

5 이 부분은 조요한 선생님의 『예술철학』에 나오는 미의 범주를 저자가 재
  정리하였음을 밝힌다. 미의 범주를 간단명료하게 소개하는 것은 저자의
  능력 바깥에 있기 때문이다.

6 임마누엘 칸트, 백종현 옮김, 『판단력비판』, 아카넷, 2011.

7 박이문, 『예술철학』, 문학과지성사, 2011.

8 다음 책에 잘 정리되어 있음: 김진엽, 『다원주의미학』, 책세상, 2012.

9 다음 책 중심으로 정리한 것임: 박이문, 『예술철학』, 문학과지성사, 2011.

10 김용규, 『생각의 시대』, 살림, 2014, 327~376쪽.

전상직, "완전 어울림 화음과 조율의 변천사," 「중앙일보」, 2020.04.28.,
  https://news.joins.com/article/23764582(접속일 2021.01.26.)

11 전영백, 『세잔의 사과』, 한길아트, 2012.

12 전인수, 『문화마케팅』, 학현사, 2020, 제4장.

13 기호학에 대한 내용은 다음 책을 참고하여 정리함: 존 피스크, 김태완,
  김선남 옮김, 『커뮤니케이션학이란 무엇인가』, 커뮤니케이션북스, 2008.

14 예술사조는 다음 책에서 쉽게 소개하고 있음: 김찬호, 『서양미술 이삭줍
  기』, 인문과교양, 2019.

15 전인수,『새로 쓰는 마케팅』, 학현사, 2012, 442~446쪽.

16 한지원, 전인수, "성숙단계에 있는 작가 레지던시 프로그램의 확산마케팅에 관한 연구,"『문화산업연구』, 16(2), 2016, 105~115쪽.

17 전인수, 엄지윤, "아트인퓨전이 패키지와 제품에 대한 소비자 평가에 미치는 영향,"『소비자학연구』, 25(1), 2014, 87~113쪽.

18 유주현, "힐링으로 창작으로…예술 뒷바라지의 진화는 계속된다—문화예술지원이 경영이다,"「중앙일보」2020.03.21., https://news.joins.com/article/23735382(접속일 2021.01.26.)

19 Sergey Skaterschikov, *SKATE'S Art Investment Handbook: The Comprehensive Guide to Investing in the Global Art and Art Services Market*, New York: McGraw Hill, 2010.

제5장 예술소비자

1 전인수,『문화마케팅』, 학현사, 2020, 28~29쪽.

2 전인수, 조인성, "내부마케팅의 새로운 전사적 모델에 대한 연구,"『고객만족경영연구』, 12(2), 2010, 207~230쪽.

3 David A. Aaker and George S. Day, *Consumerism*, 3rd ed., The Free Press, 1978, pp.2~7.

4 John Seabrook, *NObrow: The Culture of Marketing, The Marketing of Culture*, New York: Vintage Books, 2001.

5 이동용,『니체와 함께 춤을』, 이파르, 2015, 91~162쪽.

6 프레데릭 마르셀, 권오룡 옮김, 『메인스트림』, 문학과지성사, 2012.

제6장 예술소비론

1 크리스토퍼 제너웨이, 신형승 옮김, 『쇼펜하우어』, 시공사, 2001.

2 이하 여러 철학자의 권태에 대한 논의는 다음 책에서 인용함: 고쿠분 고
　 이치로, 최재혁 옮김, 『인간은 언제부터 지루해했을까?』, 한권의책, 2014,
　 30~62쪽.

3 장 보드리야르, 이상률 옮김, 『소비의 사회』, 문예출판사, 1992, 52~62쪽.

4 정보람, 전인수, "소득수준과 문화적 여건이 행복감에 미치는 영향," 『문화
　 정책논총』, 31(1), 2017, 30~51쪽.

5 한병철, 김태환 옮김, 『에로스의 종말』, 문학과지성사, 2015.

6 알베르 카뮈, 오영민 옮김, 『시시포스 신화: 부조리에 관한 시론』, 연암서
　 가, 2014.

7 그랜트 매크래컨, 이상률 옮김, 『문화와 소비』, 문예출판사, 1996,
　 161~168쪽.

8 김경용, 『기호학이란 무엇인가』, 민음사, 2012, 153~156쪽.

제7장 네이밍

1 전인수, 임영미, 이지태, "서체의 특징이 BI에 대한 소비자의 심미적 반응
　 에 미치는 영향," 『상품학연구』, 29(1), 2011, 151~163쪽.

2 전인수, 『문화마케팅』, 학현사, 2020, 183~206쪽.

3 존 피스크, 김태완, 김선남 옮김, 『커뮤니케이션학이란 무엇인가』, 커뮤니
   케이션북스, 2008, 21~26쪽.

제8장 시그널링

1 P. Nelson, "Information and Consumer Behavior," *Journal of Political Economy*, 78(2), 1970, pp.311~329.

2 Mark Bergen, Shantanu Dutta and Orville C. Walker, Jr., "Agency Relationships in Marketing: A Review of the Implications and Applications of Agency and Related Theories," *Journal of Marketing*, 56(3), 1992, pp.1~24.

3 전인수, 안창호, "광고비가 소비자에게 말하는 것: 광고의 시그널효과," 『마케팅연구』, 19(4), 2004, 79~95쪽.

4 다음 책에 미술장르에서의 명성을 얻고 있는 수상 내역과 수상기관에 대해 자세히 소개되어 있다: 조명계, 『아티스트로 살아남기』, 이다북스, 2018, 221~247쪽.

제9장 큐레이션

1 사사키 도시나오, 한석주 옮김, 『큐레이션의 시대』, 민음사, 2012.

2 스티븐 로젠바움, 이시은 옮김, 『큐레이션: 정보과잉시대의 돌파구』, 이코노믹북스, 2019.

3 배리 슈워츠, 형선호 옮김, 『선택의 패러독스』, 웅진닷컴, 2004.

4 Sheena Iyengar and Mark Lepper, "When Choice is Demotivating: Can One Desire Much of Good Thing?," *Journal of Personality and Social Psychology*, 79(6), 2000, pp.995~1006.

제10장 정동화

1 전인수, 『문화마케팅』, 학현사, 2020, 134~136쪽.

2 멜리사 그레그, 그레고리 시그워스 편저, 최성희, 김지영, 박혜정 옮김, 『정동이론』, 갈무리, 2016.

3 A. Hochschild, *The Managed Heart: Commercialization of Human Feeling*, Berkeley, University of California, 1983.

4 김다영, 『여행의 미래―밀레니얼의 여행은 어떻게 달라질 것인가?』, 미래의 창, 2020.

5 전인수, 조인성, "내부마케팅의 새로운 전사적 모델에 대한 연구," 『고객만족경영연구』, 12(2), 2010, 207~230쪽.

제11장 응시화

1 일레인 볼드윈 외 4인, 조애리 외 7인 옮김, 『문화코드』, 한울, 2017, 326~328쪽.

2 필립 스미스, 한국문화사회학회 옮김, 『문화 이론: 사회학적 접근』, 이학사, 2015, 209~222쪽.

3 매리언 울프, 전병근 옮김, 『다시, 책으로』, 어크로스, 2019.

4 박신재, 전인수, 문성림, "미술관 도슨트의 미술작품 해설 유형이 관람자 감상에 미치는 영향," 『문화산업연구』, 18(2), 2018, 13~21쪽.

제12장 경청화

1 전인수, 『문화마케팅』, 학현사, 2020, 194쪽.

2 양은영, "공연 전 의식(Pre-Concert Ritual)의 유형과 노출 수준이 관객의 음악회 관람 경험에 미치는 영향," 홍익대학교 대학원 박사학위논문, 2018.

3 E.G. Rihallah, "A Non-classical Approach for Classical Music Performing Organizations: An Empirical Perspective," *Journal of Business & Economic Research*, 7(4), 2009, pp.111~124.

4 황인, "삶도 작품도 '심플'했던 장욱진, 오향장육에 고량주 즐겨," 「중앙 SUNDAY」, 2019.08.17., https://news.joins.com/article/23554285(접속일 2021.01.26.)

5 A. Parasuraman, V.A. Zeithaml, and L.L. Berry, "A Conceptual Model of Service Quality and It's Implications for Future Research," *Journal of Marketing*, 49(Fall), 1985, pp.41~50.

6 전인수, 『문화마케팅』, 학현사, 2020, 222~227쪽.

제13장 팬덤화

1 미셸 마페졸리, 박정호 · 신지은 옮김, 『부족의 시대: 포스트모던사회에서 개인주의의 쇠퇴』, 문학동네, 2017.

2 Mark S. Granovetter, "The Strength of the Weak Tie," *American Journal of Sociology*, 78, 1973, pp.1360~1380.

3 Matt Hills, *Fan Culures*, Routledge, 2002, pp.46~64.

4 피에르 부르디외, 최종철 옮김, 『구별짓기 상 · 하』, 새물결, 2006.

5 전인수, 『비즈니스상상력』, 살림, 2017, 4~10쪽.

6 양은영, 전인수, "전통음악의 현대화를 통한 세계화-국악 록밴드 '잠비나이' 사례 연구," 『문화정책논총』, 30(2), 2016, 46~65쪽.

7 전인수, 『문화마케팅』, 학현사, 2020, 11장.

제14장 거버넌스

1 다음 논문에 근거하여 저자가 수정함: Kjell Gronhaug and Nikhilesh Dholakia, "Consumers, Markets, and Supply Systems: A Perspective on Marketization and Its Effects," A Fuat, et al. eds., *Philosophical and Radical Thought in Marketing*, Lexington Books, 1987, pp.3~14.

2 예술정책 진단은 포스텍의 양은영 교수의 도움으로 구성한 것임.

프랑스엔 〈크세주〉, 일본엔 〈이와나미 문고〉,
한국에는 〈살림지식총서〉가 있습니다.

📖 전자책 | 🔍 큰글자 | 🔊 오디오북

예술마케팅

펴낸날	**초판 1쇄 2021년 3월 12일**

지은이	**전인수**
펴낸이	**심만수**
펴낸곳	**(주)살림출판사**
출판등록	**1989년 11월 1일 제9-210호**

주소	**경기도 파주시 광인사길 30**
전화	**031-955-1350** 팩스 **031-624-1356**
홈페이지	http://www.sallimbooks.com
이메일	book@sallimbooks.com

ISBN	978-89-522-4286-0 04080
	978-89-522-0096-9 04080 (세트)

책임편집·교정교열 **최정원**

122 모든 것을 고객중심으로 바꿔라　eBook

안상헌(국민연금관리공단 CS Leader)

고객중심의 서비스전략을 일상의 모든 부분에 적용해야 한다는 가르침을 주는 책. 나 이외의 모든 사람을 고객으로 보고 서비스가 살아야 우리도 산다는 평범한 진리의 힘을 느끼게 해 준다. 피뢰침의 원칙, 책임공감의 원칙, 감정통제의 원칙, 언어절제의 원칙, 역지사지의 원칙이 사람을 상대하는 5가지 기본 원칙으로 제시된다.

233 글로벌 매너

박한표(대전와인아카데미 원장)

매너는 에티켓과는 다르다. 에티켓이 인간관계를 원활하게 해주는 사회적 불문율로서의 규칙이라면, 매너는 일상생활 속에 에티켓을 적용하는 방식을 말한다. 삶을 잘 사는 방법인 매너의 의미를 설명하고, 글로벌 시대에 우리가 기본적으로 갖추어야 할 국제매너를 구체적으로 소개한 책. 삶의 예술이자 경쟁력인 매너의 핵심 내용을 소개한다.

350 스티브 잡스　eBook

김상훈(동아일보 기자)

스티브 잡스는 시기심과 자기과시, 성공에의 욕망으로 똘똘 뭉친 불완전한 사람이었다. 하지만 동시에 강철 같은 의지로 자신의 불완전함을 극복하고 사회에 가치 있는 일을 하고자 노력했던 위대한 정신의 소유자이기도 하다. 이 책은 스티브 잡스의 삶을 통해 불완전한 우리 자신에 내재된 위대한 본성을 찾아내고자 한다.

352 워렌 버핏　eBook

이민주(한국투자연구소 버핏연구소 소장)

'오마하의 현인'이라고 불리는 워렌 버핏. 그는 일찌감치 자신의 투자 기준을 마련한 후, 금융 일번지 월스트리트가 아닌 자신의 고향 오마하로 와서 본격적인 투자사업을 시작한다. 그의 성공은 성공하는 투자의 출발점은 결국 자기 자신이라는 점을 보여 준다. 워렌 버핏의 삶을 통해 세계 최고의 부자는 어떻게 만들어지는가를 살펴보자.

145 패션과 명품 `eBook`

이재진(패션 칼럼니스트)

패션 산업과 명품에 대한 이해를 돕는 책. 샤넬, 크리스찬 디올, 아르마니, 베르사체, 버버리, 휴고보스 등 브랜드의 탄생 배경과 명품으로 불리는 까닭을 알려 준다. 이 밖에도 이 책은 사람들이 명품을 찾는 심리는 무엇인지, 유명 브랜드들이 어떤 컨셉과 마케팅 전략을 취하는지 등을 살펴본다.

434 치즈 이야기 `eBook`

박승용(천안연암대 축산계열 교수)

우리 식문화 속에 다채롭게 자리 잡고 있는 치즈를 여러 각도에서 살펴 본 작은 '치즈 사전'이다. 치즈를 고르고 먹는 데 필요한 아기자기한 상식에서부터 나라별 대표 치즈 소개, 치즈에 대한 오해와 진실, 와인에 어울리는 치즈 선별법까지, 치즈를 이해하는 데 필요한 지식과 정보가 골고루 녹아들었다.

435 면 이야기 `eBook`

김한송(요리사)

면(국수)은 세계 각국으로 퍼져 나가면서 제각기 다른 형태로 조리법이 바뀌고 각 지역 특유의 색깔이 결합하면서 독특한 문화 형태로 발전했다. 칼국수를 사랑한 대통령에서부터 파스타의 기하학까지, 크고 작은 에피소드에 귀 기울이는 동안 독자들은 면의 또 다른 매력을 발견할 수 있을 것이다.

436 막걸리 이야기 `eBook`

정은숙(기행작가)

우리 땅 곳곳의 유명 막걸리 양조장과 대폿집을 순례하며 그곳의 풍경과 냄새, 무엇보다 막걸리를 만들고 내오는 이들의 정(情)을 담아내기 위해 애쓴 흔적이 역력하다. 효모 연구가의 단단한 손끝에서 만들어지는 막걸리에서부터 대통령이 애호했던 막걸리, 지역 토박이 부부가 회휘 저어 건네는 순박한 막걸리까지, 또 여기에 막걸리 제조법과 변천사, 대폿집의 역사까지 아우르고 있다.

253 프랑스 미식 기행

심순철(식품영양학과 강사)

프랑스의 각 지방 음식을 소개하면서 거기에 얽힌 역사적인 사실과 문화적인 배경을 재미있게 소개하고 있다. 누가 읽어도 프랑스 음식문화에 대해 어느 정도 이해할 수 있도록 복잡하지 않게, 이야기하듯 쓰인 것이 장점이다. 프랑스로 미식 여행을 떠나고자 하는 이에게 맛과 멋과 향이 어우러진 프랑스의 역사와 문화를 소개하는 책.

132 색의 유혹 색채심리와 컬러 마케팅

오수연(한국마케팅연구원 연구원)

색이 인간에게 미치는 영향과 이를 이용한 컬러 마케팅이 어떤 기법으로 발전했는가를 보여 준다. 색은 생리적 또는 심리적 면에서 사람들에게 많은 영향을 미친다. '컬러가 제품을 파는 시대'의 마케팅에서 주로 사용되는 6가지 대표색을 중심으로 컬러의 트렌드를 읽어 색이 가지는 이미지의 변화를 소개한다.

447 브랜드를 알면 자동차가 보인다

김흥식(「오토헤럴드」 편집장)

세계의 자동차 브랜드가 그 가치를 지니기까지의 역사, 그리고 이를 위해 땀 흘린 장인들에 관한 이야기. 무명의 자동차 레이서가 세계 최고의 자동차 브랜드를 일궈내고, 어머니를 향한 아들의 효심이 최강의 경쟁력을 자랑하는 자동차 브랜드로 이어지기까지의 짧지 않은 역사가 우리 눈에 익숙한 엠블럼과 함께 명쾌하게 정리됐다.

449 알고 쓰는 화장품

구희연(3020안티에이징연구소 이사)

화장품을 고르는 당신의 기준은 무엇인가? 우리는 음식을 고르듯 화장품 선택에 꼼꼼한 편인가? 이 책은 화장품 성분을 파악하는 법부터 화장품의 궁합까지 단순한 화장품 선별 가이드로써의 역할이 아니라 궁극적으로 당신의 '아름답고 건강한 피부'를 만들기 위한 지침서다.

경제 · 실용

eBook 표시가 되어있는 도서는 전자책으로 구매가 가능합니다.

㈜살림출판사

www.sallimbooks.com

주소 경기도 파주시 문발동 522-1 | 전화 031-955-1350 | 팩스 031-955-1355